허스키렌즈와 마이크로비트로 배우는
인공지능 코딩하기

에듀맛 AI 학습시리즈

허스키렌즈와 마이크로비트로 배우는
인공지능 코딩하기

에듀밋 AI 학습시리즈

허스키렌즈와 마이크로비트로 배우는
인공지능 코딩하기

부록 및 교육지도안 제공 문의 (http://edudavinci.net)
공주대학교 기술지주 자회사 (주)에듀밋
041 855 3140

초판인쇄 2022년 2월 22일
초판발행 2022년 3월 01일

저 자 이수진 이영은 박효상 이재홍
개발위원 이정훈 김대철 김병국 김이혁 이지훈 임수원
펴 낸 곳 지오북스
등 록 2016년 3월 7일 제395-2016-000014호
전 화 02)381-0706 ｜ 팩스 02)371-0706
이 메 일 emotion-books@naver.com
홈페이지 www.geobooks.co.kr

ISBN 979-11-91346-35-0
값 19,000원

이 책은 저작권법으로 보호받는 저작물입니다.
이 책의 내용을 전부 또는 일부를 무단으로 전재하거나 복제할 수 없습니다.
파본이나 잘못된 책은 바꿔드립니다.

   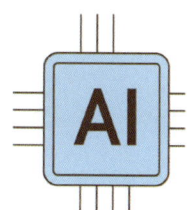

허스키렌즈와 마이크로비트로 배우는
인공지능 코딩하기

저자   이수진 이영은 박효상 이재홍
개발위원   이정훈 김대철 김병국 김이혁 이지훈 임수원

에듀밋 AI 학습시리즈

상상한 것을 구현해주는 주머니 속 컴퓨터- 바로 마이크로비트의 이야기!
쉽고 스마트한 마이크로비트가 인공지능이 가능한 친구 허스키렌즈를 만났으니
너무나 매력적인 조합이 아닐 수 없다!

부여
교육지원청

논산계룡
교육지원청

병천초
AI영재학급
추천도서

충남소프트웨어
ICT 교육연구회
(네이버 카페 회원 22백여명)

공부하자.com
유튜브 구독자 약 1만여명

공주대학교 기술지주 자회사

gb 지오북스   (주)에듀밋

머리말

상상한 것을 구현해주는 주머니 속 컴퓨터- 바로 마이크로비트의 이야기입니다. 기울기 센서, 전자 나침반, 블루투스 장착, 손쉬운 입력(센서), 출력(제어)의 제어가 가능한 이러한 능력은 이미 전 세계 어린이들과 교사들을 사로잡기 충분하였습니다.

HuskyLens는 인공 지능(AI)과 이미지 처리 알고리즘을 결합해 개발된 카메라로 새로운 물체와 얼굴 등을 지속적으로 학습하는 특징을 가지고 있으며 엔트리 같은 프로그램 접속 없이도 자체에 머신러닝 모델이 탑재되어 있어 이미지 데이터들을 학습시킬 수가 있습니다.

쉽고 스마트한 마이크로비트가 인공지능이 가능한 친구를 만났으니 너무나 매력적인 조합이 아닐 수 없었습니다. 이에 수업에 적용하고 연구한 재미있는 프로젝트들을 모으고 더해서 정리하게 되었습니다.

본 교재에서는 마이크로비트의 입문부터 바퀴구동이 용이한 마퀸플러스의 활용, 허스키렌즈의 융합까지 순차적 확장을 통한 코딩을 쉬운 예제부터 난이도 있는 예제까지 포괄하여 다루고자 하였으며 쉽고 새로운 교육용 인공지능을 갈망하는 분들께 도움이 되었으면 합니다.

목차

1장	허스키렌즈 소개	8
2장	허스키렌즈 구성과 기능 (basic/pro)	10
3장	마이크로비트 기본 코딩하기	31
4장	마퀸(마퀸플러스)를 활용한 마이크로비트 활용예제	47
5장	허스키렌즈와 마이크로비트 Make Code를 활용한 코딩하기 예제	55
부록		113

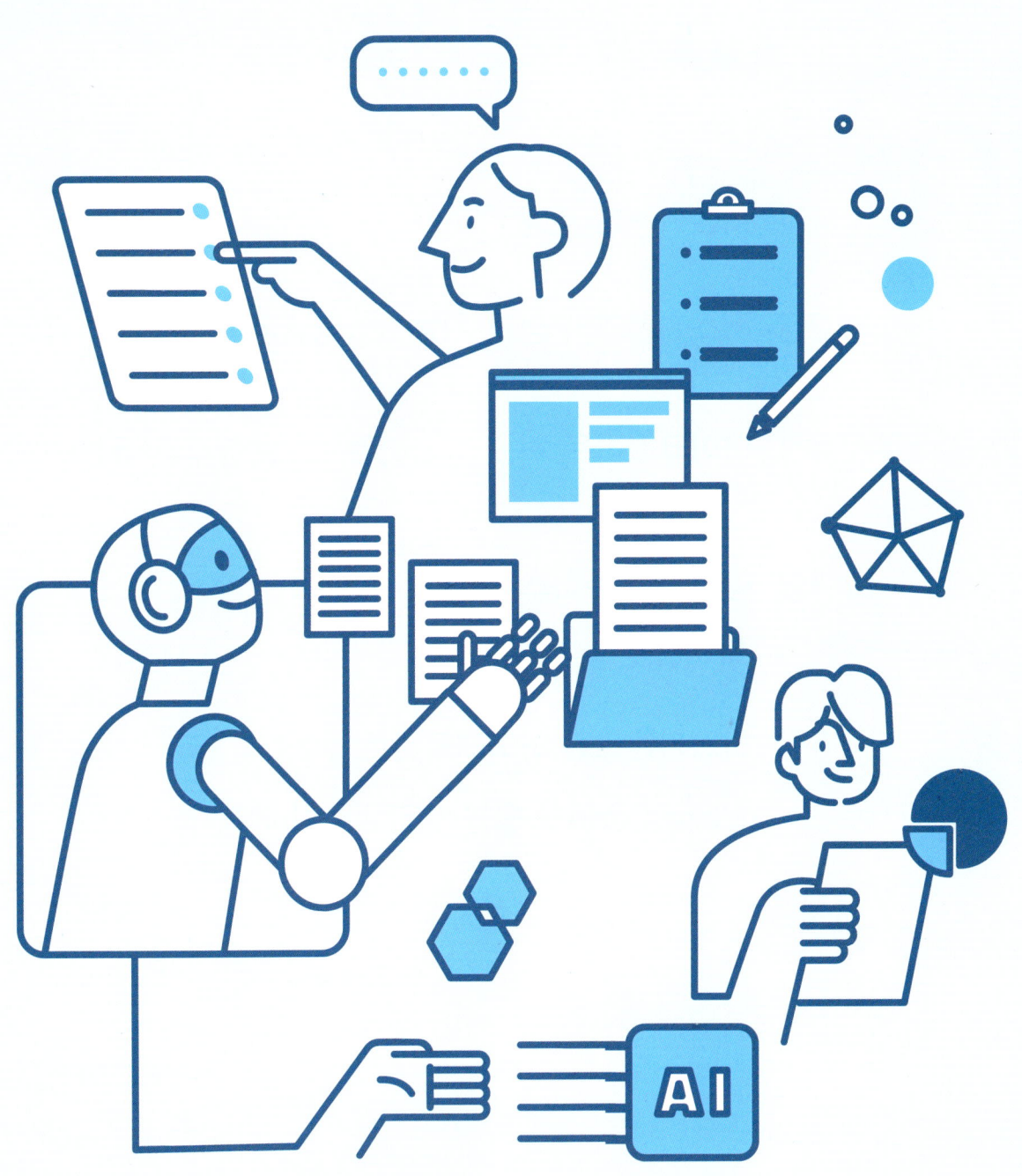

허스키렌즈

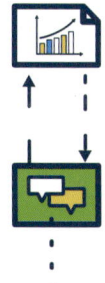

허스키렌즈는 얼굴인식, 물체추적, 물체인식, 라인추적, 색상 감지, 태그 감지 등 여러 기능이 내장된 AI 비전 센서보드입니다. 허스키렌즈를 통해 I2C포트를 활용해 아두이노, 라즈베리파이 또는 마이크로비트에 연결하여 쉽고 간편하게 AI기반 비전 프로그래밍을 할 수 있습니다. 또한 차세대 특수 AI 칩 Kendryte K210을 채택하였는데 이 특수 AI 칩의 성능은 신경망 알고리즘을 실행할 때 STM32H743보다 1,000 배 빠릅니다. 이러한 뛰어난 성능으로 빠르게 움직이는 물체도 포착 할 수 있습니다.

본 교재에서는 학생, 교사들이 쉽게 AI기반 비전 프로그래밍을 할 수 있도록 구성하였으며 마이크로비트와 연계한 허스키렌즈 프로젝트의 예제를 따라하며 배워볼 수 있습니다.

1장 허스키렌즈 소개

허스키렌즈 소개

사양	
프로세서	Kendryte K210
이미지센서	SEN0305 HuskyLens: OV2640 (2.0Megapixel Camera) SEN0336 HuskyLens PRO: OV5640 (5.0MegaPixel Camera)
공급전압	3.3~5.0V
소비전류	320mA@3.3V, 230mA@5.0V (face recognition mode; 80% backlight brightness; fill light off)
연결 인터페이스	UART, I2C
디스플레이	2.0-inch IPS screen with 320*240 resolution
내장 알고리즘	Face Recognition, Object Tracking, Object Recognition, Line Tracking, Color Recognition, Tag Recognition

사용가능한 보드

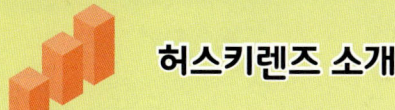

BASIC과 PRO버전의 비교

	허스키렌즈 버전의 사용환경 비교 (DFROBOT)	
제품사진		
버전	Maker버전 (Basic) SEN0305	Education버전 (Pro) SEN0336
픽셀	200만 화소	500만 화소
줌(zoom)	없음	Digital zoom
통신타입	UART, I2C, USB(visual port)	UART, I2C, USB(visual port) real-time image transfer via USB
이미지	custom display result: custom display text: custom display pattern	custom display result: custom display text: custom display pattern
저장타입	take photos and save into TF card: take screenshots save into TF card	take photos and save into TF card: take screenshots save into TF card
모델학습	manual training: program control training	manual training: program control training PC control training Model training on PC
AI 기능	Face Recognition, Object Tracking, Object Recognition, Line Tracking, Color Recognition, Tag Recognition, Object Classification(펌웨어업데이트)	Face Recognition, Object Tracking, Object Recognition, Line Tracking, Color Recognition, Tag Recognition, Object Classification Barcode Recognition, QR Recognition

2장 허스키렌즈 구성과 기능 (basic/pro)

구성의 소개

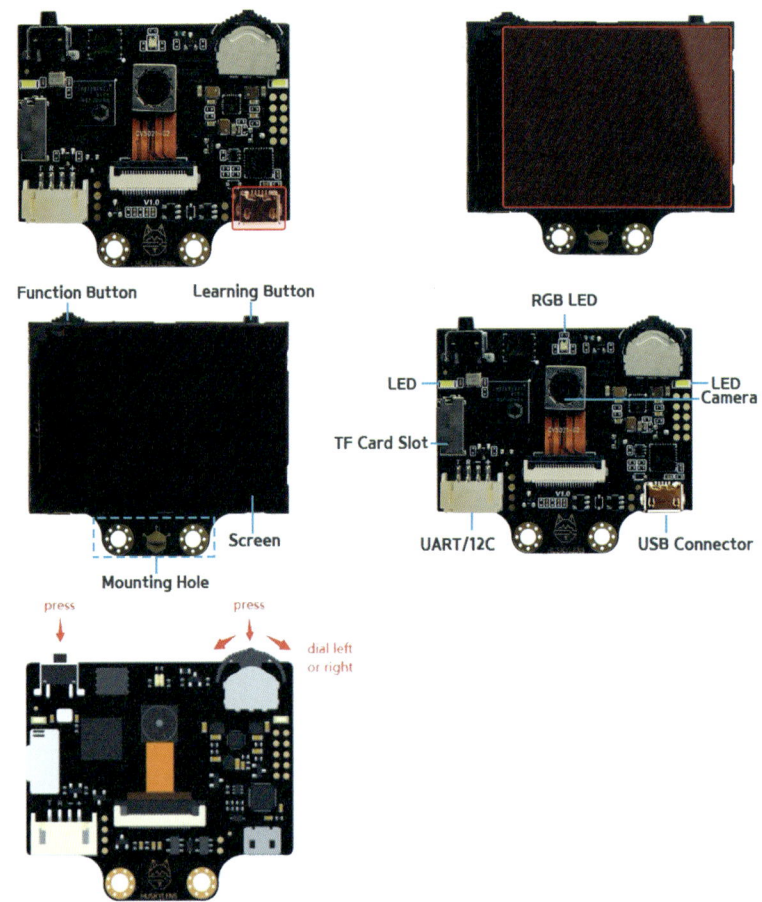

① 기능버튼(Funtion Botton) :

　허스키렌즈의 모드전환 및 각종 세팅을 할 수 있는 버튼으로 좌, 우로 조작하여 다양한 인식 모드로 전환 가능합니다. 버튼을 길게 눌러서 각 모드별, 다중 인식설정 및 매개변수를 설정합니다. * 설정을 변경 후에는 항상 'Save & Return'에서 'Do you save data'에 'Yes'를 클릭하고 모드에서 나옵니다.

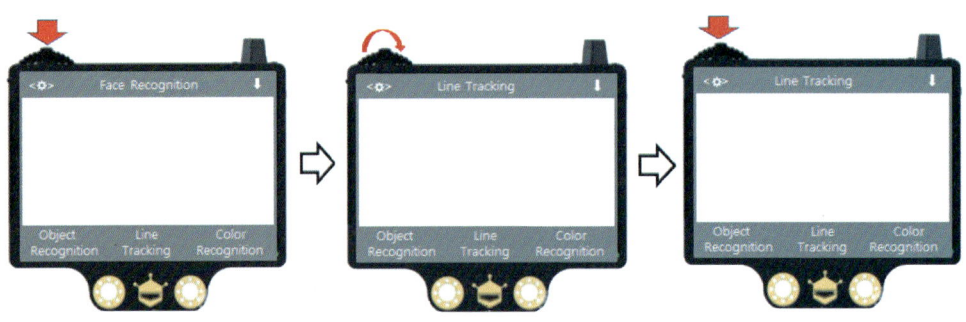

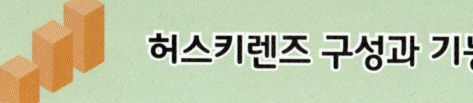 

허스키렌즈 구성과 기능

② 학습버튼(Learning Botton) :

학습 관련 조작이 가능한 버튼으로, 이미지 학습 및 학습데이터 삭제 가능합니다.

버튼을 짧게 눌러 화면 상에서 '개체'로 인식된 사물을 학습 가능하며, 모드에 따라 길게 눌러서 여러 장 학습 가능합니다. (인식의 정확도를 높이기 위함)

학습 후 삭제 메시지가 뜨면 학습 버튼을  짧게 눌러 기존의 데이터를 삭제합니다.

③ UART/I2C

UART / I2C 포트를 통해 HuskyLens는 마이크로비트, 아두이노, 라즈베리파이와 같은 인기있는 메인 제어 보드를 연결 하여 복잡한 알고리즘을 사용하지 않고도 매우 창의적인 프로젝트를 만들 수 있습니다. 마이크로비트와의 연결은 I2C입니다.

④ 5Pin USB

컴퓨터와 연결해 펌웨어를 업데이트 할 수 있는 포트입니다.

⑤ 기타 : 허스키렌즈는 3.3V 320mA이상의 고 전류를 소비합니다. 마이크로비트가 전원 공급이 충분하지 않기 때문에 외부의 전원이 필요해서 확장보드를 이용합니다.

 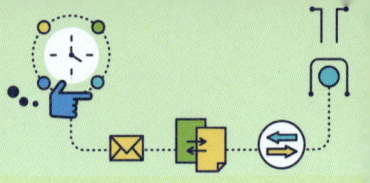

2장 허스키렌즈 구성과 기능 (basic/pro)

각 모드별 설정 (General Setting)

기능버튼을 조작해 설정사항을 선택하고, 선택 후 저장하여 모드를 변환합니다.

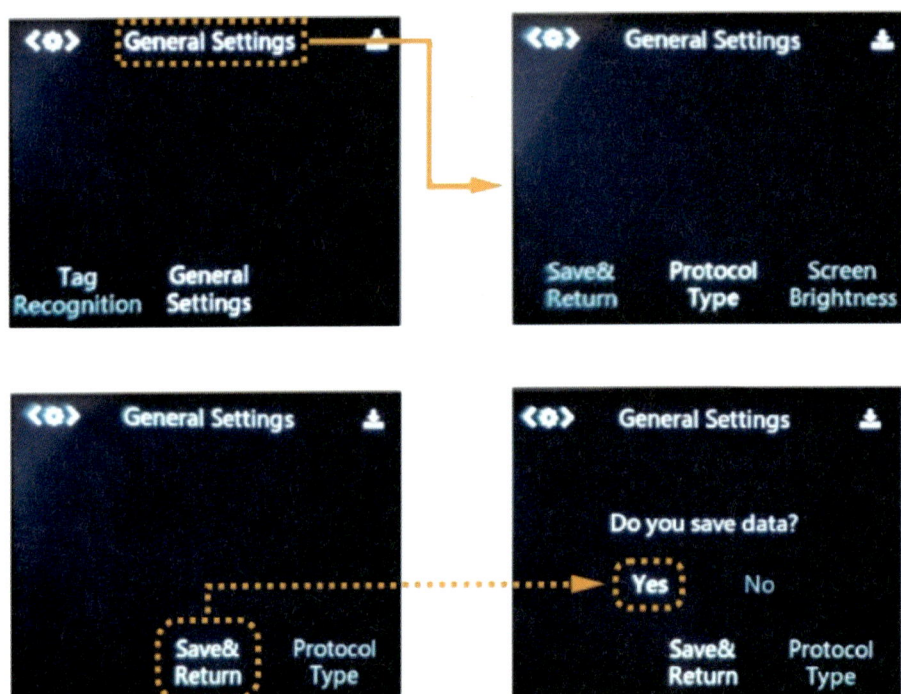

General Settings : 설정 가능한 파라미터 소개

프로토콜 유형	UART(9600,115200,1000000), I2C ,UART-I2C간 자동전환 지원
화면밝기	1%~100%의 밝기 지원, 기본값은 80%
메뉴 자동숨기기	Huskylens를 일정 시간 동안 조작하지 않으면 화면의 메뉴가 자동으로 숨겨짐. 1~100초에서 설정 가능하며 기본값 10초
LED 라이트	전면 2개의 LED표시등이 있으며 ON/OFF설정이 가능. 밝기 1%~100%, 기본값 50%.OFF
RGB 라이트	전면 RGB ON/OFF 설정가능, 밝기 1~100%, 기본값 20%
언어	영어, 중국어 지원
버전	내장 펌웨어의 현재 버전

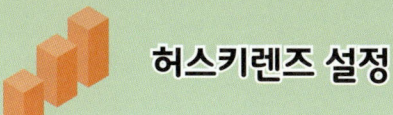 

허스키렌즈 설정

펌웨어 업그레이드

Firmware란?

컴퓨터 장치나 소프트웨어의 일부가 되는 프로그램을 말하며 배포가 가능합니다.

 Firmware를 사용하는 이유

1. 성능의 Upgrade를 위함
2. 최신의 기능 추가
3. 문제점의 해결 (안정성 제공)
4. 제3자의 침입을 막기 위함 (보안 문제)

허스키렌즈에서 펌웨어 확인하기

본 책에서 설명하는 허스키렌즈 펌웨어 버전은 V0.5.1 Norm으로 이 버전은 허스키렌즈 프로 모델에서 지원하는 교육용 QR, Barcode Recognition을 포함합니다.
펌웨어 버전을 확인하는 방법은 마지막 옵션인 "General Settings"에서 확인 가능합니다.

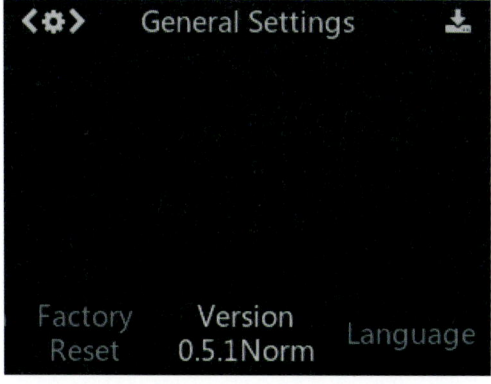

2장 허스키렌즈 구성과 기능 (basic/pro)

펌웨어 업로드하기

최신 펌웨어 검색하기

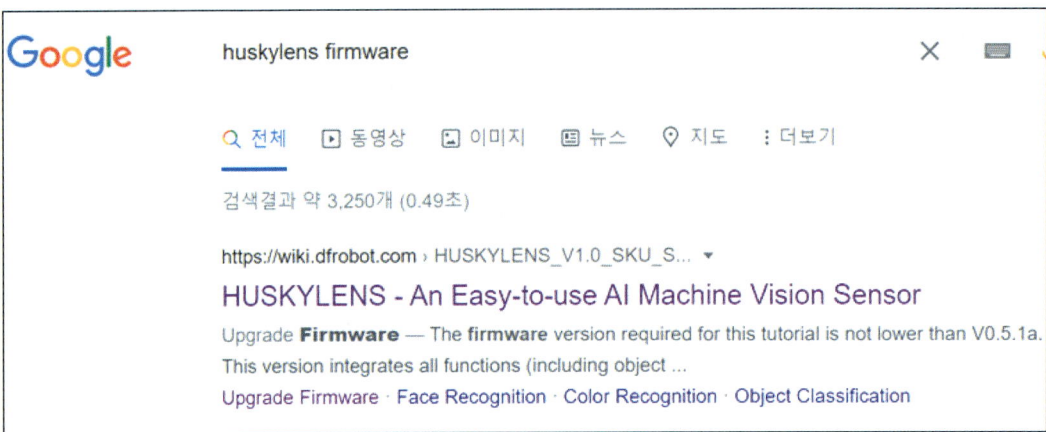

huskylens firmware를 검색 후 제조사인 DFROBOT에서 제공하는 ①업로더, ②드라이버, ③최신 펌웨어를 다운 받습니다.

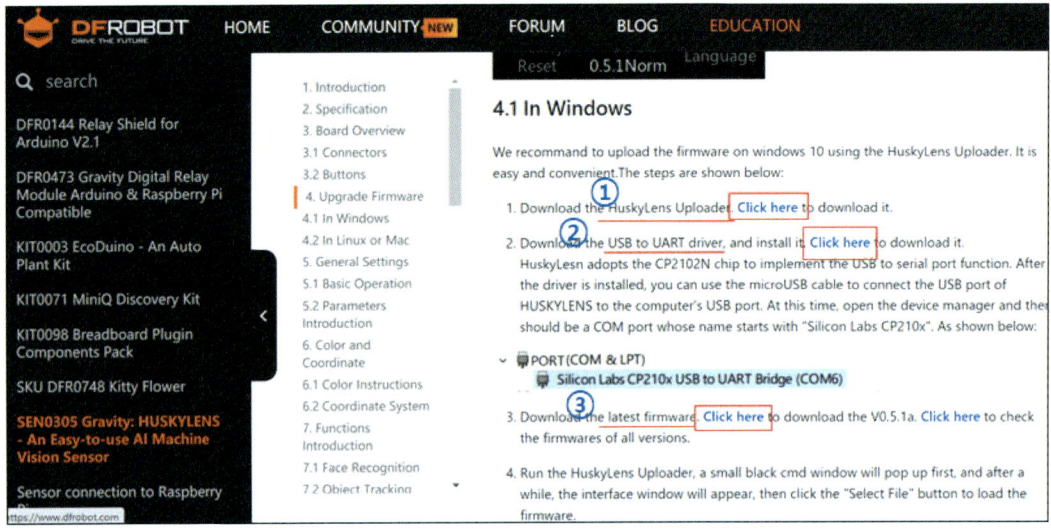

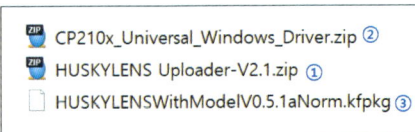

펌웨어 업로드하기

①HuskyLens 업로더 다운로드 후 압축풀기

②UART 드라이버를 다운로드 후 설치

허스키렌즈는 CP2102N 칩을 사용해 USB to serial port 기능을 사용한다.
드라이버를 설치한 후 허스키렌즈와 컴퓨터와 연결 (microUSB 포트)
연결 후 장치 관리자를 열고 이름이 "Silicon Labs CP210x" COM 포트 확인

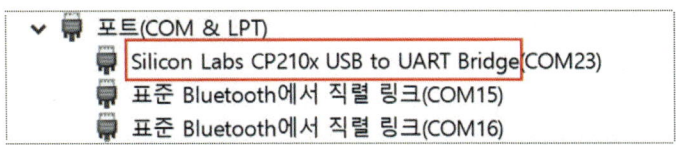

③최신 펌웨어를 다운로드

HuskyLens Uploader를 실행하면 먼저 작은 검은색 cmd 창이 나타나고 잠시 후 인터페이스 창이 나타난 다음 "Select File" 버튼을 클릭하여 펌웨어 업로드

TIPS

업로드 중 인터페이스 창과 작은 검은색 cmd 창을 닫지 마십시오 .업로드가 완료시간은 약 5분 까지도 걸릴 수 있으며 펌웨어 파일이 커서 시간이 조금 걸릴 수 있습니다. 업로드가 완료되면 "Uploading"이라는 프롬프트 텍스트가 사라지고 HuskyLens 화면이 켜집니다.

2장 허스키렌즈 구성과 기능 (basic/pro)

화면의 이해

① 프레임 색상 구분

사물을 인식하거나 학습할 때 네모의 프레임이 나타나는데 프레임의 색상을 구분하여 인식할 필요가 있습니다.

모드	학습 전, 준비완료	학습 후 인식
Color Recognition		
Object Tracking		
Object Recognition		
Line Tracing		
Object Classification		

② 좌표계

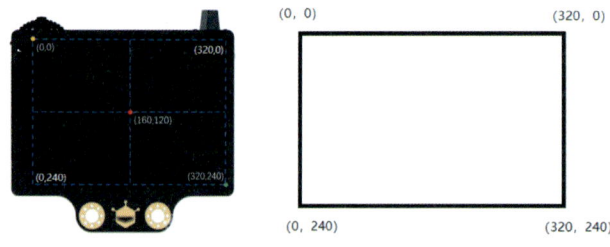

허스키렌즈가 학습된 객체를 감지하면, 화면의 색상 프레임에 의해 대상이 자동으로 선택됩니다. x-y축 좌표 형식을 사용하지만 통상적으로 사용하는 좌표법과는 약간 다른 y축 반전 좌표법을 사용합니다. 아래의 그림과 같이 좌표가 구성되며 좌측 상단이 (0,0), 우측 하단이 (320, 240)입니다.

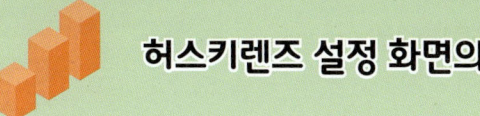 

내장 알고리즘

버전 별 기능	
Basic	얼굴인식, 객체추적, 객체인식, 라인추적, 색상인식, 태그 인식, 객체 분류
Edu	바코드인식

인식 모드 별 작동 및 설정

(1) 얼굴인식 (Face Recognition)

 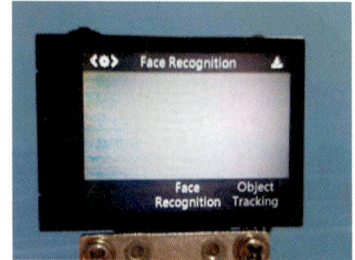

Face Recognition

 기본적으로 눈,코,입이 있으면 얼굴로 인식합니다. (이목구비가 있으면 동물이나 애니메이션 캐릭터도 얼굴로 인식하며 마스크 쓴 얼굴도 인식합니다.)
 얼굴인식은 ID기반으로 인식하는 방식으로 인식된 개수에 따라 ID1,2,3... 이름으로 저장합니다. 정면,측면도 구분이 가능하나(3차원인식) 비슷하게 생긴 얼굴은 가끔 같은ID로 인식 할 때가 있으며 정확도를 높이기 위해서는 3차원 인식으로 학습하는 것이 정확도가 높아집니다.

2장 허스키렌즈 구성과 기능 (basic/pro)

(2) 객체추적 (Object Tracking)

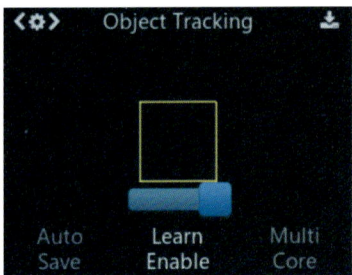

객체 추적 학습:

① 화면 상단에 "객체 추적" 이라는 단어가 표시 될 때까지 기능 버튼을 왼쪽 또는 오른쪽으로 다이얼을 돌립니다.

② 물체 인식을 활성화 합니다. (기능 버튼을 길게 눌러 물체 추적 기능의 매개변수를 활성화) 기능 버튼을 오른쪽으로 다이얼 하여 "Learn Enable"을 선택한 다음 기능 버튼을 짧게 누르고 오른쪽으로 다이얼 하여 "Learn Enable"을 켭니다.

(모델 저장 스위치를 자동으로 켜는 방법은 이전과 동일함. 위의 단계에 따라 "자동 저장" 켜기)

③ 물체를 화면의 중앙에 있는 노란색 프레임에 포함시킬 때까지 거리를 조절하여 후막을 목표 물체로 향하게 합니다.

④ "학습 버튼"을 길게 눌러 다양한 각도와 거리에서 물체를 학습합니다. 학습 과정 중에 "Learning : ID1"이라는 단어가 있는 노란색 프레임이 화면에 표시되고 학습이 끝나면 "학습 버튼"을 놓아 학습을 완료합니다.

인식 모드 별 작동 및 설정

장애물 추적 : HuskyLens 또는 대상을 이동하면 프레임이 대상을 자동으로 추적합니다. 물체를 추적 할 때 HuskyLens가 학습하는 동안 물체를 추적하고 있음을 나타내는"Learning : ID1"이라는 노란색 단어가 표시됩니다. (객체 추적 기능을 향상시킴)

"기능 버튼"을 길게 눌러 보조 메뉴 매개 변수 설정을 입력하고 "학습"을 선택한 다음이 매개 변수를 끌 수도 있습니다.

(3) 사물인식 (Object Recognition)

허스키렌즈에 기본적으로 입력된 20개의 사물 인식 가능합니다.

화면에 잡힌 모습이나 학습버튼을 누르는 각도에 따라 오류가 있을 수 있습니다.(말을 개로 인식한다든지 등) 사물의 특징이 잘 보이는 이미지를 준비하거나 입체 사물은 특징이 잘 보이는 각도로 학습하는 것이 중요합니다.

저장된 20개 목록
비행기, 자전거, 새, 보트, 병, 버스, 자동차, 고양이, 의자,
소, 음식, 개, 말, 오토바이, 사람, 화분, 양, 소파, 기차, TV

2장 허스키렌즈 구성과 기능 (basic/pro)

(4) 라인트레킹(Line Tracking)

이 기능은 컬러 라인을 추적하고, 경로를 예측할 수 있습니다. 기본 설정은 하나의 컬러 라인만을 추적하는 기능입니다.

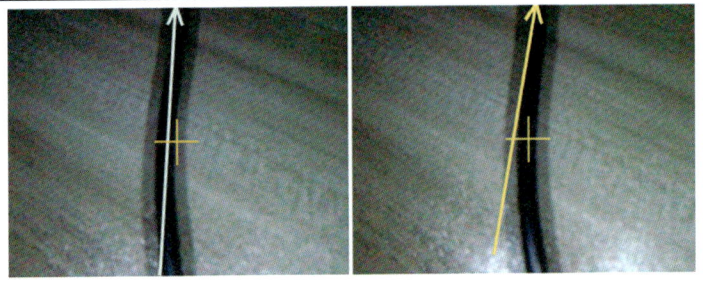

라인인식

작동 및 설정하기

▶ 화면 상단에 Line Tracking이라는 단어가 표시 될 때 까지 기능 버튼을 왼쪽 또는 오른쪽으로 조작합니다.

▶ 기능 버튼을 길게 눌러 Line Tracking 기능의 매개변수 설정을 입력합니다.

▶ Learning Multiple이 선택될 때 까지 기능 버튼을 왼쪽으로 조작한 다음 기능 버튼을 짧게 눌러 Learn Multiple 기능을 끕니다.

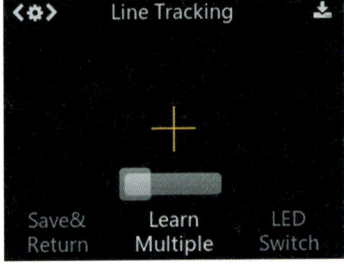

▶ <u>Save & Return</u>이 선택될 때 까지 기능 버튼을 누르고 매개 변수를 저장하기 위해 기능 버튼을 짧게 누르면 자동으로 들어가게 됩니다.

TIPS

라인 학습 시 교차하는 여러 개의 선이 생기는 경우 인식률이 떨어지기 때문에 HuskyLens의 인식 화면 내에서 학습 할 하나의 선만 명확하게 드러나는 것이 좋습니다.

인식 모드 별 작동 및 설정

▶ + 기호에 선이 닿도록 위치를 조정하면 HuskyLens가 선을 자동으로 감지하고 흰색 화살표가 화면에 나타나게 됩니다.

▶ 학습 버튼을 짧게 누르면 학습 과정이 완료 되며, 선을 따라 파란색 화살표가 화면에 나타납니다.

선 예측 : HuskyLens가 학습 한 선을 감지하면 화면에 파란색 화살표가 자동으로 나타나며 화살표 방향은 선의 예측 방향을 나타냅니다. 이 방향을 사용한다면, 선을 인식해 자동으로 선을 따라가는 자동차를 만드는데 이용을 할 수 있습니다.

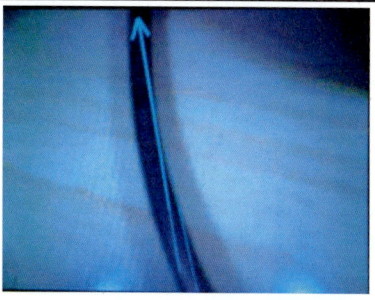

선 예측

TIPS

선을 학습 할 때 HuskyLens의 위치를 선과 평행하게 조정해야하고, 명확한 인식을 위해 배경과는 확실하게 구분되는 단색의 선을 사용해야 합니다. 여러 가지 경로를 설정한다면, 인식의 정확도를 높이기 위해 선은 최대한 하나의 색으로 구성하는 것이 좋습니다. 선을 인식 할 때 주변의 광량 및 빛의 방향에 따라 영향을 많이 받을 수 있기 때문에 안정적인 빛을 제공하면 인식의 정확도가 올라갑니다.

2장 허스키렌즈 구성과 기능 (basic/pro)

(5) 색상인식 (Color Recognition)

색상인식 역시 ID기반으로, ID1 색상, ID2 색상 등으로 인식하는 방식입니다. 조명의 밝기에 따라 인식한 색상을 잘 못 읽을 수 있습니다. 학습한 상태보다 주변이 어두워 졌거나 학습할 당시 밝게 인식을 원하면 LED를 켤 수 있습니다. (2장구성과 기능의 3) 설정 가능한 파라미터 참조)

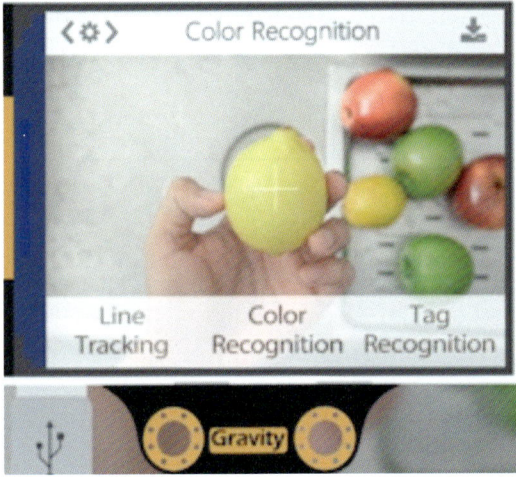

(6) 태그인식 (Tag Recognition)

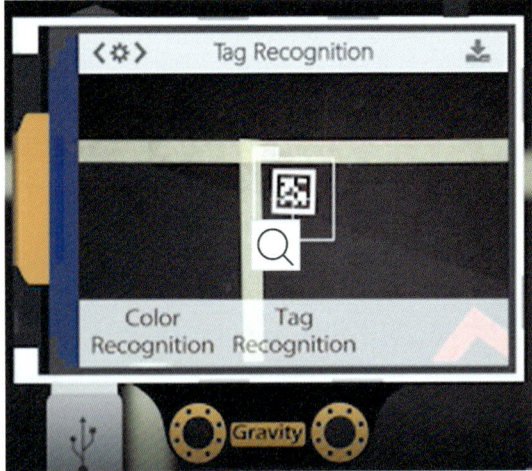

태그인식은 태그를 이용(교재에 수록된)하여 태그별 ID를 부여하고 인식하는 방식입니다. 잘 인식되도록 바닥에 붙이거나 사물에 붙여 세워 둘 수도 있습니다. 실생활에서 바코드와 더불어 마트에서 계산

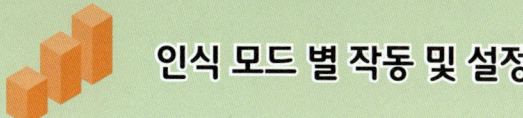 

인식 모드 별 작동 및 설정

※ Tag Recognition기능에서 사용하는 Tag ※

인식 가능한 테그

학습하기 (얼굴인식 중심)

1	얼굴인식 (Face Recognition)	5	색상인식 (Color Recognition)
2	사물추적 (Object Tracking)	6	태그인식 (Tag Recognition)
3	사물인식 (Object Recognition)	7	사물분류 (Object Clacification)
4	라인추적 (Line Tracking)	8	바코드인식 (Barcode Recognition)

💡 이상 5가지 기능(1,3,5,6,8)은 기본적으로 같은 메커니즘으로 구현이 됩니다.

1. 단일인식과 다중인식으로 구분
2. 사각 프레임안의 사물을 학습
3. 학습버튼을 짧게 눌러 ID1, ID2.. 방식의 학습, 저장법
사물 분류는 배타버전으로 펌웨어 다운해야 사용가능합니다.
바코드 인식은 Edu버전입니다.

설정법 및 인식, 학습법은 얼굴인식 방법으로 설명하겠습니다. 각 모드별 인식방법은 거의 동일하고, ID별로 부여 하는 것도 동일하기 때문에 아래의 설명을 보고, 각 모드별로 바꿔서도 학습해 보시기 바랍니다.

2장 허스키렌즈 구성과 기능 (basic/pro)

- 화면에 Face Recognition 또는 (원하는 기능)이 표시될 때 까지 기능 버튼을 오른쪽으로 돌려 조작하고 선택(왼 버튼 클릭)합니다.
- 다중 인식 (공통) : 여러 개의 얼굴을 동시에 인식할 수 있는 공통 모드입니다.
- 화면 상단에 Face Recognition 또는 Object Recognition 이 표시될 때 까지 기능버튼을 조작합니다.
- 얼굴인식 모드 진입 후 기능버튼을 길게 눌러 얼굴인식 기능의 파라미터 설정으로 진입합니다.
- Learn Multiple이 표시될 때 까지 기능버튼을 좌우로 조작 후 활성화합니다.
- **Do you save data?** 가 나오면 Yes를 선택한 뒤 기능버튼을 짧게 눌러 매개변수를 저장합니다.

- 단일 얼굴인식과 마찬가지로 인식시킬 얼굴에 프레임 속 +를 정중앙에 향하게 하고, 학습버튼을 길게 눌러 첫 번째 사람의 얼굴을 학습합니다.
- 얼굴학습: 학습버튼에서 손을 떼면 **Click again to continue! Click Other button to finish**라는 메세지가 뜨게 됩니다. 이때 계속 학습을 하려면, 학습버튼을 눌러 다음 개체를 학습시키고, 아니면 다른 기능버튼을 눌러 학습을 종료 하거나, 카운트다운이 종료 될 때까지 조작을 하지 않으면, 학습은 종료됩니다.
  삭제 : 다시 한번 학습버튼을 짧게 누르면 삭제하시겠습니까?(영어/사진)하는 메시지와 함께 5초 카운트가 됩니다. (이 때 한 번 더 학습버튼을 누르면 기존 학습 데이터는 삭제됩니다.)
- 3차원 얼굴학습: 인식의 정확도를 높이기 위해서는 다양한 각도에서 여러 장의 사진을 찍어 얼굴을 학습하는 것이 좋습니다. 인식시킬 얼굴에 프레임 속 +를 정중앙에 향하게 하고, 학습버튼을 꾹 누르면 다중 사진을 찍습니다. 이때 얼굴을 다양한 각도로 인식시키면 3차원 얼굴학습은 완료되고, 인식의 정확도는 올라갑니다.

*3차원의 학습은 얼굴인식과 개체분류 기능이 가능합니다.

인식 모드 별 작동 및 설정

(7) 객체분류(Object Classification)

(객체 분류는 배타버전으로 펌웨어 다운해야 사용가능)
객체 분류는 앞서 설명한 인식 part 와는 약간 다른 개념입니다. 서로 다른 물체의 사진을 각각 여러 장 학습(3차원)한 다음 huskylens에 내장된 자체 기계학습 알고리즘을 통해 학습합니다. 학습이 완료된 후 학습된 물체가 프레임 안으로 들어온다면, 이를 인식하고, ID를 띄워줍니다. 학습단계에서 많은 사진, 다양한 각도에서 학습한다면, 더 정확한 인식이 가능합니다.

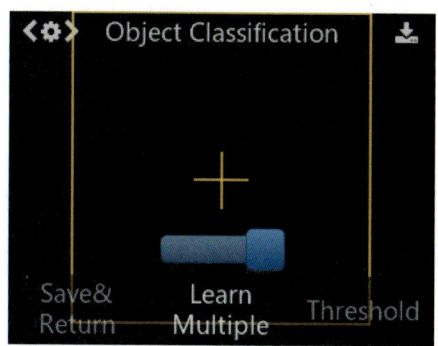

작동 및 설정하기

multiple설정

- ▶ 화면 상단에 Object Classification이라는 단어가 표시될 때 까지 기능 버튼을 오른쪽 또는 왼쪽으로 조작합니다.
- ▶ 기능 버튼을 길게 눌러 객체 분류 기능의 매개변수 설정으로 들어갑니다.
- ▶ "Learn Multiple"이 표시될 때 까지 기능 버튼을 누른 다음 기능 버튼을 짧게 누른 다음
- ▶ 오른쪽으로 조작하여 "Learn Multiple" 스위치를 켠 뒤 Save &Return 합니다.

학습 및 감지하기

다음 그림을 사용하여 테스트 할 수 있습니다.

2장 허스키렌즈 구성과 기능 (basic/pro)

▶ 화면상의 프레임을 첫번째로 인식시킬 대상을 가리키고,
학습버튼을 길게 누르면 "Learning XX /30 ID : n"이라는 단어가 있는 노란색 프레임이 표시됩니다. 이 표시는 화면에 허스키렌즈가 지금 n번째 ID를 가지고 학습하고 있으며, 30장중 xx번째로 학습하고 있다는 뜻입니다. 이때 다양한 거리와 각도에서 객체를 학습하면, 인식도가 높아집니다.

▶ 30번 이상의 학습이 끝나고 학습버튼에서 손을 떼면 첫 번째 객체 학습이 완료가 되고 clink again to continue!.. 라는 메세지가 표기되고, 안내하는 대로 추가적으로 버튼을 눌러 학습을 하거나, 학습모드를 종료(기능버튼 또는 더 이상 누르지 않기)하면 됩니다.

(학습하는 동안 카메라를 앞 뒤 양 옆으로 이동하며 다양한 각도로 촬영하면 정확도가 높아집니다.)

인식 모드 별 작동 및 설정

개체인식 후 확인하기

허스키렌즈가 학습된 객체를 다시 만나면 해당 ID번호가 화면에 표시됩니다. 아래 그림과 같이 허스키렌즈는 각 객체들을 서로 다른 객체로 인식하게 됩니다.

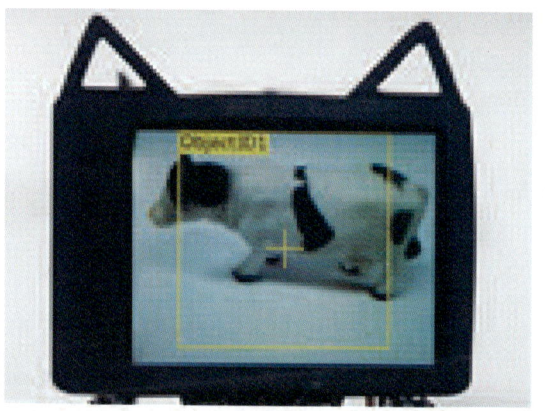 

삭제할 때

저장된 ID를 삭제 할 때는 잠시 기다렸다가 학습버튼을 누르면 forget 메세지가 뜹니다. 기능버튼과 학습버튼을 동시에 눌러도 forget 메세지가 뜹니다.

2장 허스키렌즈 구성과 기능 (basic/pro)

(8) 바코드 인식 (Barcode)

(허스키렌즈 Pro버전에서 가능/ 펌웨어 업데이트(V0.5.1 이상 필요))

바코드 인식 기능은 여러 모양의 바코드를 인터넷에서 다운 받아 출력해서 사용할 수 있습니다. 페트병이나 기타 물건에 출력한 바코드를 붙이고 바코드 인식하기(Barcode Recognition)에서 ID1,ID2..로 학습합니다.

바코드 인식은 얼굴인식이나 색상인식 등과 같이 동일한 방법으로 기본 매커니즘으로 학습할 수 있습니다.

바코드 기능에서 기능버튼을 길게 누르고 Show BarCode Data를 활성화하면 바코드를 학습했을 때 바코드의 정보도 함께 뜹니다.

인식 모드 별 작동 및 설정

바코드가 궁금해요!

바코드란?

바코드의 처음은 모르스 부호와 영화의 사운드 트랙에서 힌트를 얻어 만들어졌습니다. 바코드는 영어, 숫자나 특수글자를 기계가 읽을 수 있는 형태로 표현하기 위해 모스부호를 길게 늘어뜨려 막대의 형태로 만들고 이 막대들의 조합으로 나타내어, 광학적으로 판독이 가능하도록 한 코드입니다. 스캐너로 바코드를 읽으면 검은색 막대는 대부분의 빛을 흡수하여 적은 양의 빛을 반사하고, 반대로 흰색 공백은 많은 양의 빛을 반사하는 원리를 이용합니다. 포토센서는 이러한 반사율의 차이를 아날로그인 전기 신호로 바꾸고 다시 이를 디지털인 0과 1, 즉 이진법의 수로 나타냅니다. 좁고 검은 막대(0의미), 넓고 검은 막대(1을 의미), 좁고 흰 공간(빈 공간), 넓고 흰 공간(대쉬-의미)으로 되어 있습니다. 주로 바코드는 상품의 포장에 인쇄되어 가격을 표시하거나 책의 표지에서 도서 관리를 위한 정보를 나타내거나 출퇴근 카드 등에 인쇄되는 등 물품을 구분하기 위한 다양한 용도로 사용됩니다.

어떻게 만들어 졌나?

1948년 필라델피아 드렉셀(Drexel)공대에서 열린 음식박람회 때 한 식품체인점 사장이 드렉셀 기술대학의 학장에게 조언을 구한 것에서 시작되었습니다. 사장은 계산대에서 자동적으로 제품 정보를 수집하는 시스템을 원했지만 학장은 그것에 대한 연구는 관심이 없었습니다. 그때 해당 대학원생이었던 버나드 실버는 체인점 사장이 학장에게 한 얘기를 우연히 듣게 되었는데 많은 시행착오 끝에 1920년대 데이터 추적 시스템을 발명했고 이것이 바코드의 시작이 되었다고 합니다.

출처:http://www.hwangryong.com/news/articleView.html?idxno=2472

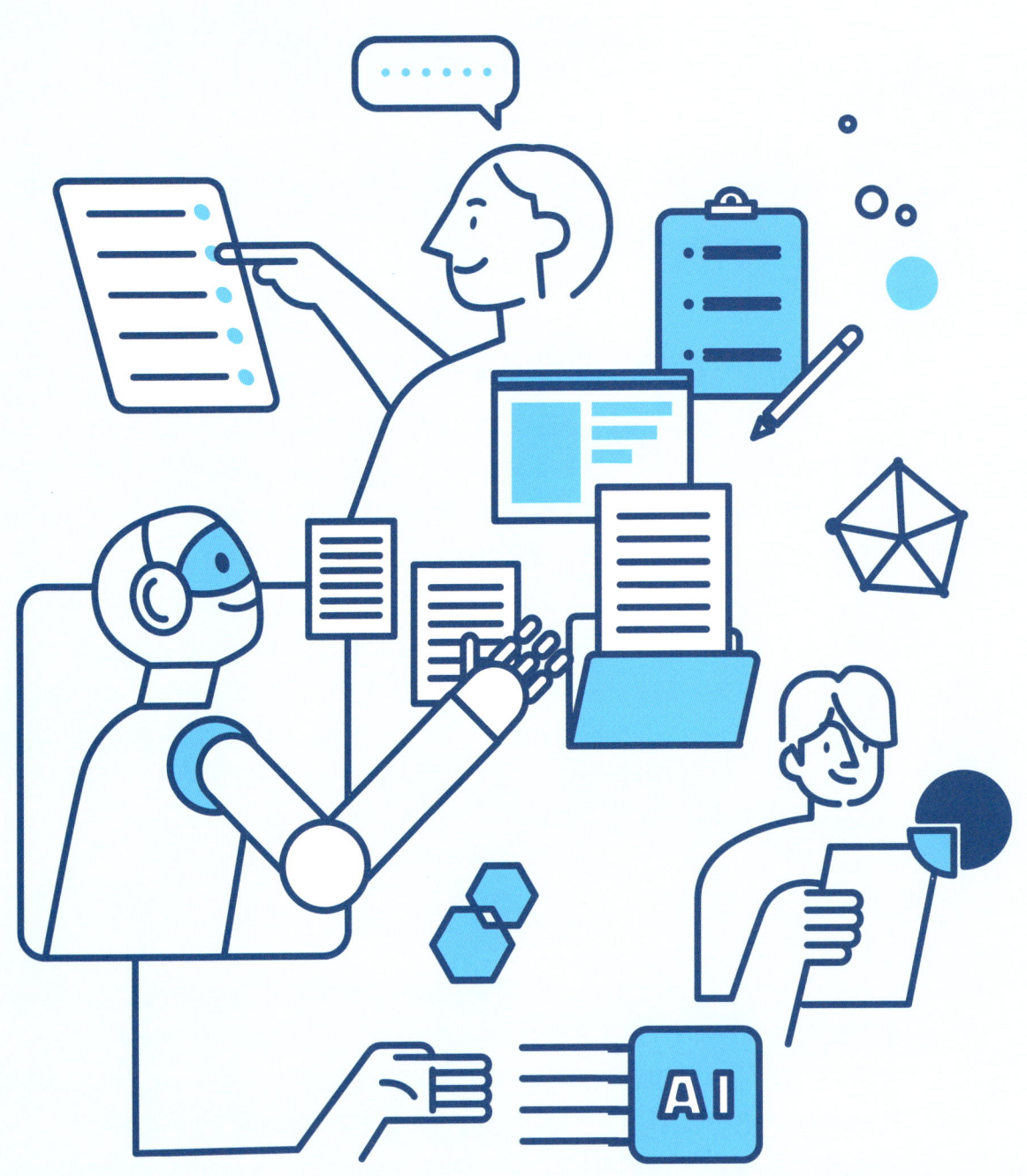

3장 마이크로비트 기본 코딩하기

기본

마이크로비트 V2, 마이크로 5핀 케이블

추가

마퀸플러스, 배터리팩, AAA건전지, 기타재료
(3D출력물 : 부록참고)

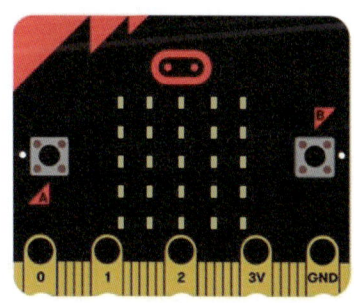

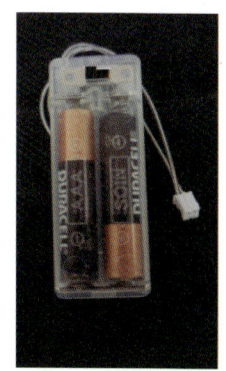

3장 마이크로빗 기본 코딩하기

마이크로빗 실행하기

구글 크롬 검색으로 microbit를 검색합니다. 상단의 Let's code(프로그래밍 시작하기)를 클릭하고 MakeCode editor를 실행합니다.

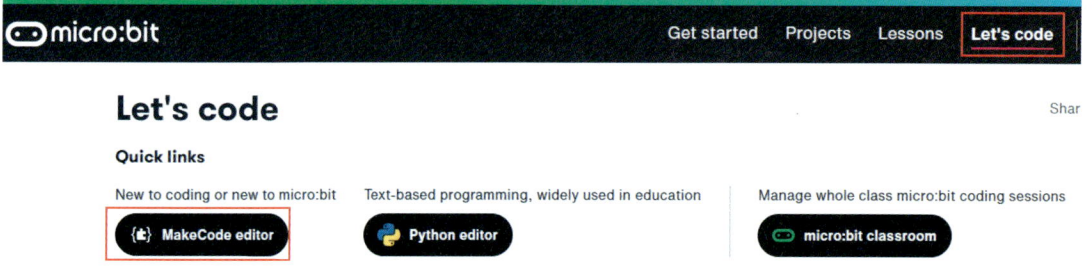

새 프로젝트를 실행하고 프로젝트 이름을 쓰고 (비워도 무방) 생성을 클릭합니다.

코딩 후 다운로드 방법 1〉: 마빗과 직접 연결하기

하단의 다운로드 옆 점을 클릭, connect device를 선택합니다.

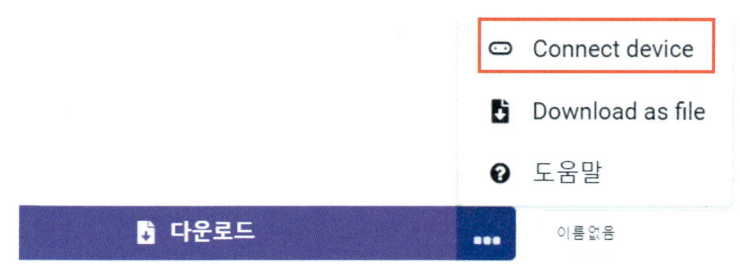

connect your mocrobit 메시지가 뜨면 다음을 누르고 연결할 마이크로비트가 뜨면 체크하고 연결을 누릅니다.

기기와 연결한 후에는 코딩을 수정할 때마다 다운로드 버튼을 누르면 바로 다운됩니다.

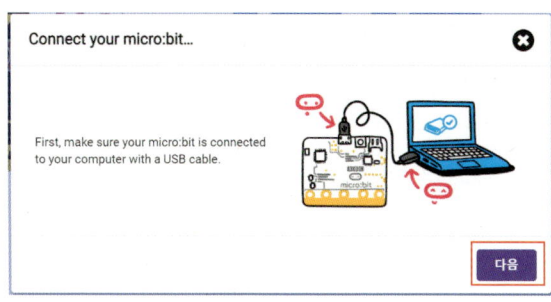 

코딩 후 다운로드 방법 2〉 : 기기와 연결 했지만 기기로 다운이 안 되는 경우

이럴 때는 파일을 마이크로 폴더에 직접 드래그 해야 합니다.

일단 파일을 내려 받고 다운로드체크 후 마지막 받은 .hex 파일을 MICOBIT (D:)에 드래그해서 넣습니다.

다운로드 되는 동안 마이크로비트의 뒷면 상태 LED가 2~3초 점멸합니다.

다음 예제를 통해 마이크로비트를 익혀 봅시다.

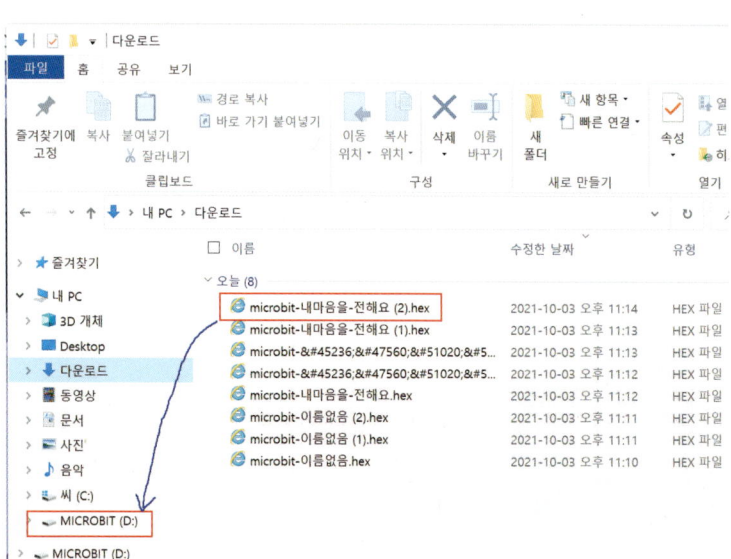

3장 마이크로비트 기본 코딩하기

 소리에 반응하는 마빗 (단계별 미션)

마이크로비트V2 버전은 마이크와 스피커가 내장되어있고 V2만 가능한 블록들을 프로그램 안에서 쉽게 찾을 수가 있습니다.

준비하기

재료 : 마이크로비트 (V2)

1단계〉 소리가 들리면 나타나는 아이콘 만들기

소리가 감지되면 실행 블록을 이용해 소리가 들리면 아이콘이 출력되도록 만들어 봅니다.

코딩하기

소리에 반응하는 마빗 (단계별 미션)

2단계> 불씨를 키워요.

 캠핑을 가서 장작의 불씨를 살리려면 바람을 불거나 입김으로 산소를 공급해줘야 불꽃이 잘 살아납니다. 마이크에 대고 후~하고 불었을 때 입김으로 부는 바람의 소리의 크기를 차트 (그래프처럼)로 불꽃처럼 표현해 봅시다. LED카테고리를 이용해 모두 켜졌을때의 값을 300, 200, 100등 숫자를 바꿔서 적당한 값을 찾아봅시다. (숫자가 커지면 더디게 켜집니다.)

코딩하기

3단계> 박수를 치면 켜지고 조용하면 사라져요.

 소리의 크기가 100이상이면(교실의 기본 소음의 정도를 체크하고) 아이콘이 출력되고 조용하면 꺼져요.

코딩하기

3장 마이크로비트 기본 코딩하기

4단계〉 박수를 치면 켜지고 다시 박수를 치면 꺼져요.

코딩하기

 변수를 만들어 처음 소리가 났을 때와 나중에 소리가 났을 때 두 상황을 변환하며 넣을 수 있도록 만들어 봅시다. 소리가 크게 감지되면 ON이 저장되고, 다시 소리가 크게 감지되면 반대로 바뀌어 OFF가 저장됨을 반복합니다.

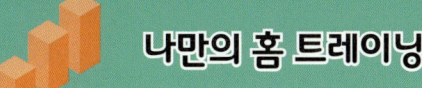  

02 나만의 홈 트레이닝

집에서도 쉽게 운동을 할 수 있는 홈 트레이닝용 아령을 만들어 봅시다. 무게가 있는 아령을 들고 팔꿈치를 접었다 펴면 마빗이 운동 횟수를 인식합니다.

준비하기

재료 : 마이크로비트 (V2), 빈 페트병 2ea, 뚜껑을 연결할 3D프린트 뚜껑
(없다면 테이프로 감아 고정)
병 안에 무게를 채워줄 작은 돌, 넓은 고무밴드(또는 시계줄,마빗을 팔목에 고정용도) ,벨크로, 스테플러, AAA건전지2ea, 건전지소켓

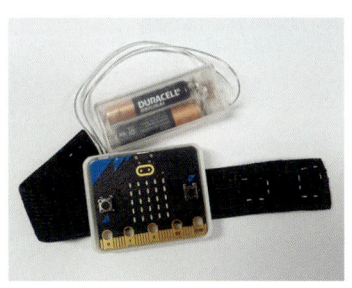 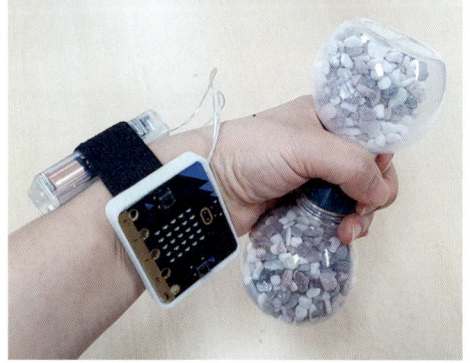

두 개의 페트병에 돌을 나누어 담습니다. 원래의 뚜껑이 아닌 프린팅으로 출력한 양쪽이 열린 뚜껑을 이용해 연결합니다. 마이크로비트 케이스를 이용해 손목 줄을 만듧니다. 연결 부위는 손목의 사이즈에 따라 조절하여 벨크로로 마감합니다.(바늘과 실로 꿰매거나 위의 사진처럼 스테플러로 고정합니다.)

3장 마이크로비트 기본 코딩하기

코딩하기

운동 횟수를 카운트 할 count 변수를 변수블록을 이용해 만듭니다.

시작했을 때는 횟수(count) 0 으로 초기화 되고 가속도 센서를 이용해 움직임이 생길수록 숫자가 올라가도록 코딩합니다. 로고버튼(돼지코) 이나 다른 버튼을 이용해 중간 단계에서 초기화 시킬 장치를 만듭니다.

로고버튼(터치센서)은 V2의 기능이므로 V1으로 사용하려면 다른 방법의 입력센서를 사용하여야 합니다.
예: A,B 버튼 등

북쪽을 알려주는 나침반

 북쪽을 알려주는 나침반

등산하다가 길을 잃었을 때 우리는 어떻게 방향을 찾을 수 있을까요? 이럴 때 나침반이 있다면, 언제나 같은 방향을 가리키기 때문에 나침반을 이용하여 쉽게 길을 찾을 수 있습니다. 마이크로비트의 자기센서를 이용해 마빗 나침반을 만들어 봅시다.

준비하기

재료 : 마이크로비트

컬리브레이션 보정하기

자기장을 측정하려면 자기센서를 가지고 코딩한 프로그램을 다운로드하면 'TILT TO FILL SCREEN' 이라는 메시지가 뜹니다. 생기는 점을 기울여서 모두 켜주는 컬리브레이션 보정을 말합니다. (자기센서=나침반센서)

코딩하기

먼저 자기센서의 값을 수 출력을 통해 자기센서의 방향을 알아봅시다.

마빗센서가 가리키는 N극은 5~355°입니다.

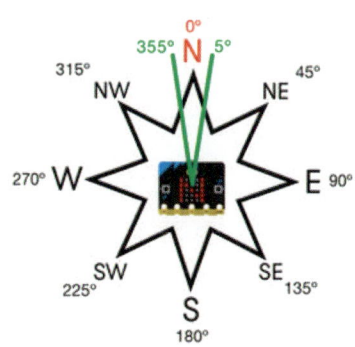

3장 마이크로비트 기본 코딩하기

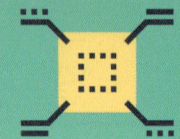
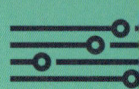

북쪽을 나타내는 각도를 조건문을 이용하여 코딩합니다.

```
무한반복 실행
    만약(if) 355 ≤ ▼ 자기센서 값(°) 또는(or) ▼ 자기센서 값(°) ≤ ▼ 5 이면(then) 실행
        문자열 출력 "N"
    아니면(else) 실행
        아이콘 출력 ▼
```

지구는 거대한 자석이다

　지구는 거대한 자석으로 이루어져 있을까요? 그게 아니라면 지구에 자력이 생기는 이유는 무엇일까요? 바로 지구의 안쪽에 있는 외핵이라는 물질의 회전 때문입니다. 외핵은 철과 니켈과 같이 전기가 잘 통하는 물질들로 이루어졌는데, 이 물질들은 매우 높은 온도로 인하여 액체 상태로 있습니다. 지구 안쪽의 열기로 액체인 외핵은 대류 현상을 일으키고, 지구 안쪽에서 회전하게 되며 도체가 회전 운동을 하게 되면 자기장을 만들어 냅니다.

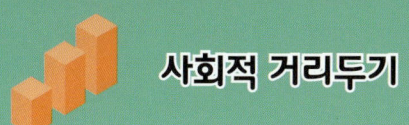

 사회적 거리두기

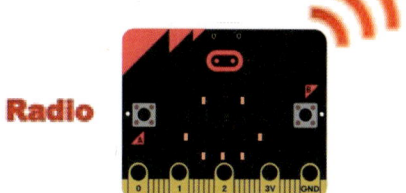

마이크로비트에는 서로 다른 마빗 간에 무선통신을 할 수 있는 기능이 있어요. 그룹 간 메시지를 보내거나 멀티 플레이어 게임이 가능합니다. 저전력 블루투스(BLE) 기술이 적용된 블루투스 통신으로 데이터를 주고받습니다.

먼저 라디오 통신의 기본 사용법을 알아봅시다.

준비하기

재료 : 마이크로비트

변형〉

라디오 통신에서 서로 간에 정보를 주고 받으려면 라디오그룹을 설정(①)해야 하며, 라디오신호를 숫자나 문자를 선택(②)해서 보내고, 받는 쪽도 라디오그룹을 보내는 쪽과 동일하게 하고, '라디오 수신하면 실행'(③) 이라는 조건문을 사용하여 실행 내용을 코딩합니다.
라디오 통신의 기본을 코딩해 봅시다.

보내는 쪽

받는 쪽

3장 마이크로비트 기본 코딩하기

※ 주의
문자로 수신할 경우 " " 가 있는 등호 블록을 사용
숫자로 수신할 경우는 기본 등호 블록을 사용

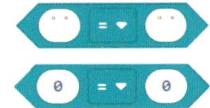

변형> 사회적 거리두기 코딩

서로 주고받도록 합니다. (송신자=수신자)
서로간의 거리를 체크하여 가까이 오면 경고음을 알리려고 합니다. 여러명이 동시에 같은 그룹을 설정하고 같은 내용을 송신하고 수신해야 하므로 코딩 내용이 모두 동일합니다.

코딩하기

사회적 거리두기

라디오 통신의 수신강도는 얼마나 되며 어떻게 코딩에 이용할까요?

마이크로비트의 라디오 수신강도는 -128에서 -42입니다.

음수를 계산하기 편하게 +42하면 -86 ~ 0, 절대값으로 환산하면 86부터 0입니다.

절대값으로 계산했기 때문에 50보다 작아지면(가까워지면) 수신강도는 커지게 됩니다.

마이크로비트는 저전력 블루투스(BLE) 기술이 적용된 안테나가 부착되어 있습니다. 이처럼 블루투스 통신으로 데이터를 주고 받는 기능을 마이크로비트에서는 '라디오'라는 명칭으로 부르는 것입니다.

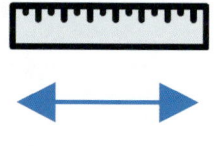

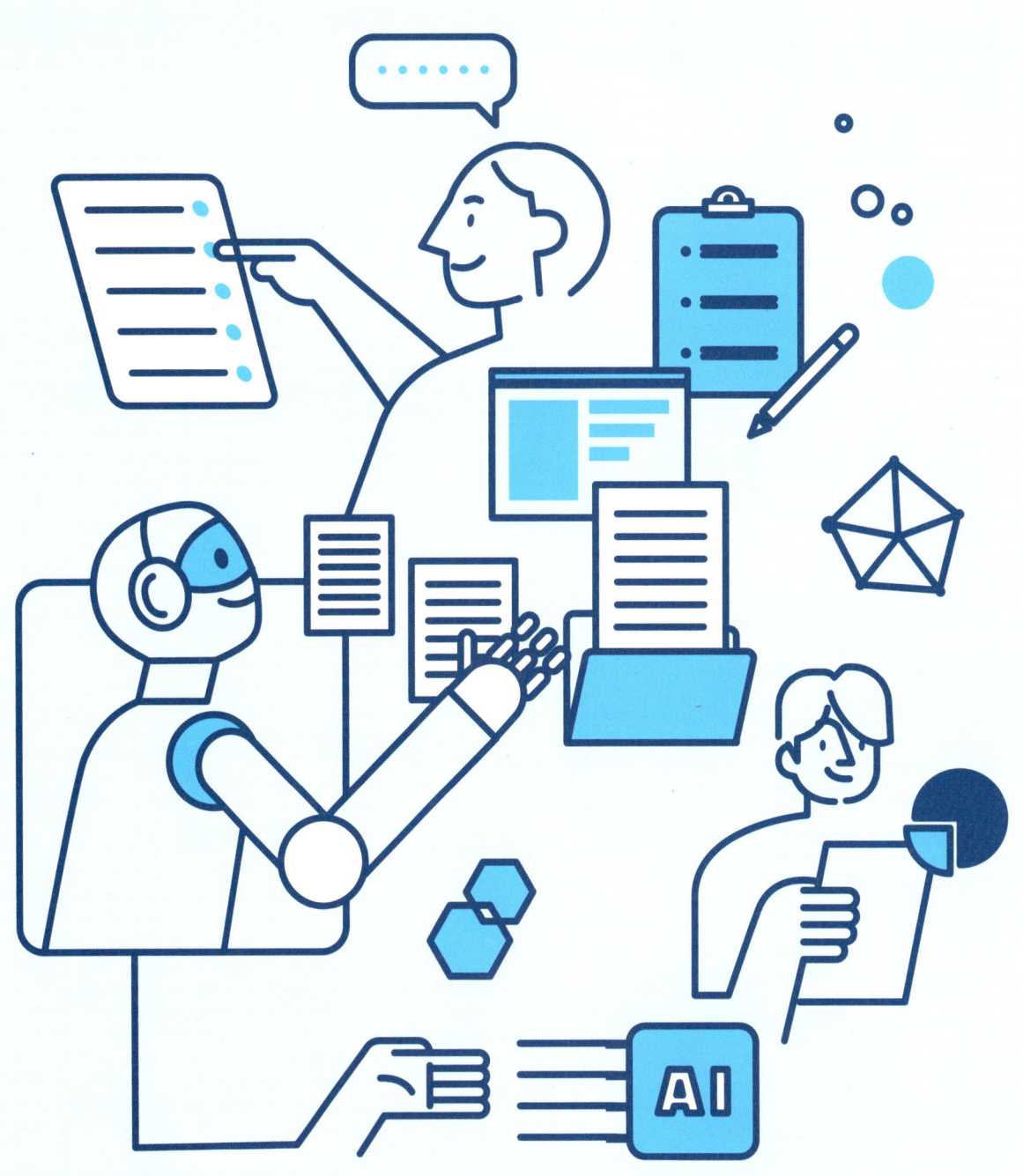

4장
마퀸(마퀸플러스)를 활용한 마이크로비트 활용예제

기본

마이크로비트 V2, 마퀸플러스, 마이크로 5핀 케이블, 기타재료(3D출력물 : 부록참고)

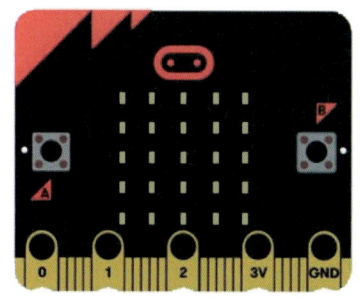
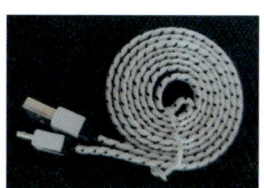

4장 마퀸(마퀸플러스)를 활용한 마이크로비트 활용예제

Makecode for microbit 의 고급-확장 목록에서 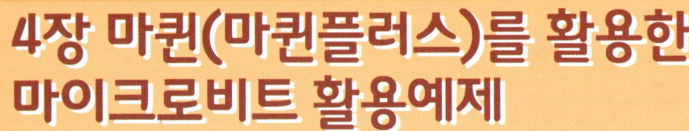 블록을 추가하면 마퀸플러스와 관련된 블록코딩을 할 수 있습니다. (검색에서 plus 검색)

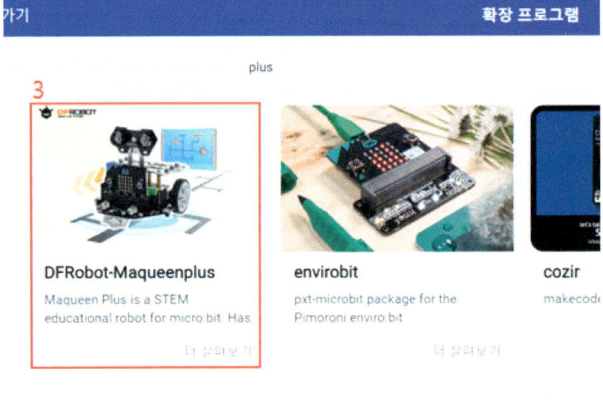

01

꼬리로 말해요.

'꼬리 치며 반갑다고 멍멍멍'이라는 노래 가사가 있듯이 강아지는 주인을 보면 꼬리를 치며 반가움을 표현합니다. 강아지의 꼬리는 동물에게는 다른 표현의 언어이며 항상 좋은 감정을 이야기하는 것은 아닙니다. 아래 내용을 보면 꼬리언어에 대한 통역이 가능하며 강아지의 심리를 이해할 수 있습니다.

1. 좁은 폭으로 천천히 움직이는 꼬리 : 조심스러운 반가움의 표현

   "안녕하세요, 나 여기 있어요."

2. 큰 폭으로 움직이는 꼬리 : 친근감의 표현

   "나는 공격적이거나 위협적이지 않아요."

3. 엉덩이까지 춤추듯 같이 움직이는 꼬리 : 매우 큰 즐거움과 기쁨의 표현

   "나는 지금 매우 행복해요."

4. 중간 정도 높이에서 천천히 움직이는 꼬리 : 두렵지도, 자신감이 넘치지도 않는 불확실한 감정 표현

   "지금 무슨 상황인지 지켜보고 있어요."

5. 좁은 폭으로 아주 빠르게 진동하는 꼬리 :

   도망 또는 싸움 등 특정 행동을 준비하는 징후

   "(속으로) 지금 달아나야 할까, 상대에게 덤벼야 할까."

6. 높게 유지된 상태에서 좁은 폭으로 아주 빠르게 진동하는 꼬리 : 최고 위협의 표현

   "지금 당장 물러나지 않으면 다쳐."

신동아 2019년 3월호

47

꼬리로 말해요.

준비하기

재료 : 마이크로비트, 마퀸플러스, 서보모터, 꼬리/얼굴 도안

아래사진과 같이 꼬리가 달린 애완동물의 형태를 만들어요. 서보모터에 꼬리를 달고 마퀸플러스에 드라이버를 이용해 부착합니다.

 서보모터는 S1~3 에 선의 색을 맞춰 연결합니다. (아래 코딩은 S1연결)

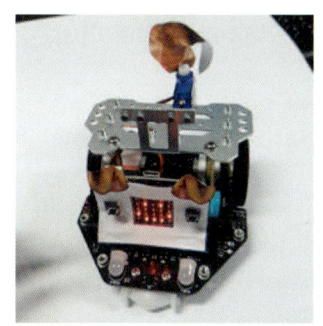

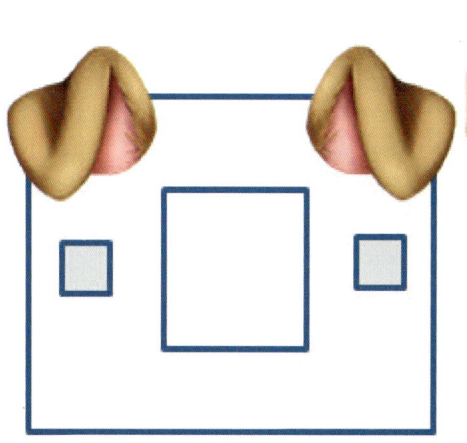
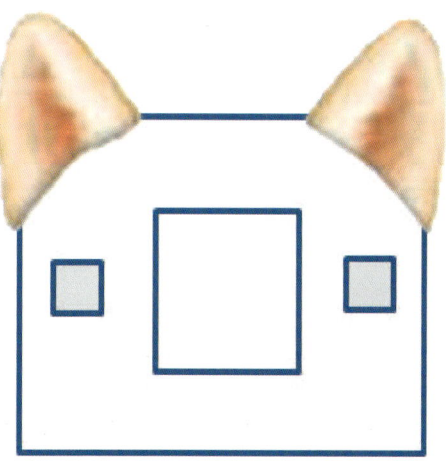

4장 마퀸(마퀸플러스)를 활용한 마이크로비트 활용예제

코딩하기

 블록을 추가합니다.

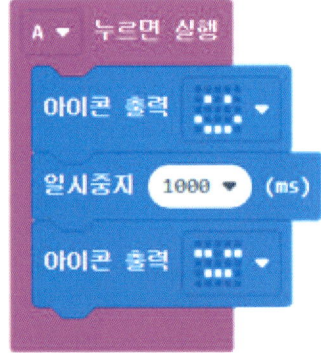

A를 누르면 표정이 바뀌고 B버튼을 누르면 강아지 꼬리 흔드는 코딩을 합니다. 서보모터의 각도를 좌우로 흔들어서 꼬리치는 모양을 만듭니다. 흔들림을 감지하면 짖는 소리를 비슷하게 내며 싫어하는 표정의 아이콘을 설정합니다.

 빛을 따라오는 마빗

02

빛을 따라오는 마빗

마이크로비트의 빛 센서를 이용해 마퀸플러스가 빛을 따라오도록 만들어 봅시다.

준비하기

마퀸플러스에 마빗을 장착합니다.

재료 : 마이크로비트, 마퀸플러스, 손전등 또는 핸드폰(손전등기능)

코딩하기

Makecode for microbit 의 고급-확장 목록에서  블록을 추가합니다.
마퀸플러스가 천천히 제자리 돌다가 빛을 발견하면 따라옵니다.
시작했을 때와 제자리를 돌 때, 빛을 발견했을 때의 LED아이콘을 다르게 만들어줍니다.

4장 마퀸(마퀸플러스)를 활용한 마이크로비트 활용예제

축구로봇

마빗 두 개와 마퀸플러스를 가지고 움직임이 컨트롤 되는 축구로봇을 만들어봅시다.

Makecode for microbit 의 고급-확장 목록에서 ➕ Maqueen Plus 블록을 추가합니다.

준비하기

재료 : 마이크로비트 2ea, 마퀸플러스1, AAA건전지 2, 건전지소켓, 공, 골대, 3D불도저 파츠
* 허스키렌즈 없이 가능

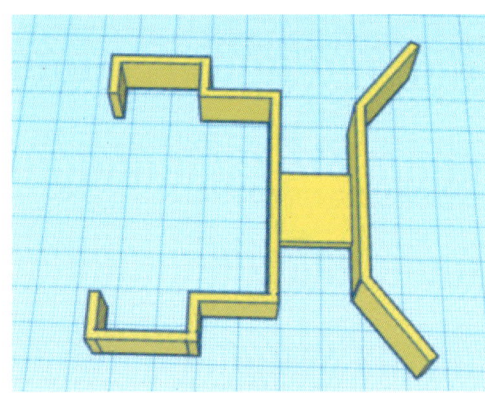

공을 잘 몰고 갈수 있는 파츠를 부착하거나 3D프린터 출력하여 양 팀 색깔을 달리하여 끼워 사용하면 유용합니다.

3D모델링 파일 공유 : 3D모델링 stl 파일입니다.

다운 받아서 출력하여 사용하시면 됩니다

(부록참조)

축구로봇

컨트롤러 만들기: 마빗1에 건전지가 들어있는 소켓을 연결합니다.

축구로봇 만들기: 마빗2를 마퀸플러스에 부착합니다.

코딩하기

컨트롤러(마빗1&건전지)

라디오그룹을 정하고 (각 선수마다 라디오 그룹을 다르게 해야 합니다.) 버튼 또는 기울기마다 라디오 전송 할 숫자 또는 문자를 정합니다.

a: 직진 b: 후진 c: 좌회전 d:우회전 e: 슛 f: 정지를 코딩할 문자열을 전송합니다.

4장 마퀸(마퀸플러스)를 활용한 마이크로비트 활용예제

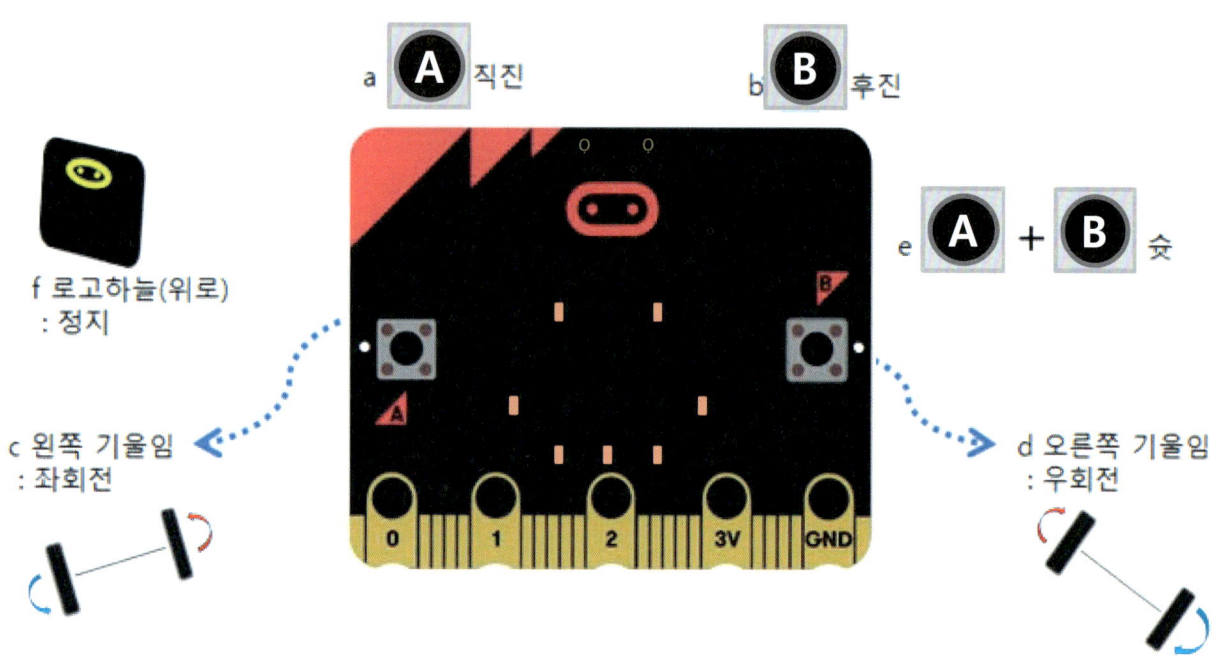

문자열 a를 받으면(마빗 버튼A)	▶ 직진
문자열 b를 받으면(마빗 버튼B)	▶ 후진
문자열 c를 받으면(왼쪽으로 기울이기)	▶ 좌회전
문자열 d를 받으면(오른쪽으로 기울이기)	▶ 우회전
문자열 e를 받으면(마빗 버튼A+B)	▶ 슛
문자열 f를 받으면(마빗로고 하늘)	▶ 정지

라디오 그룹을 자신의 컨트롤러와 동일한 번호로 지정하고 다음과 같이 움직임을 코딩합니다.

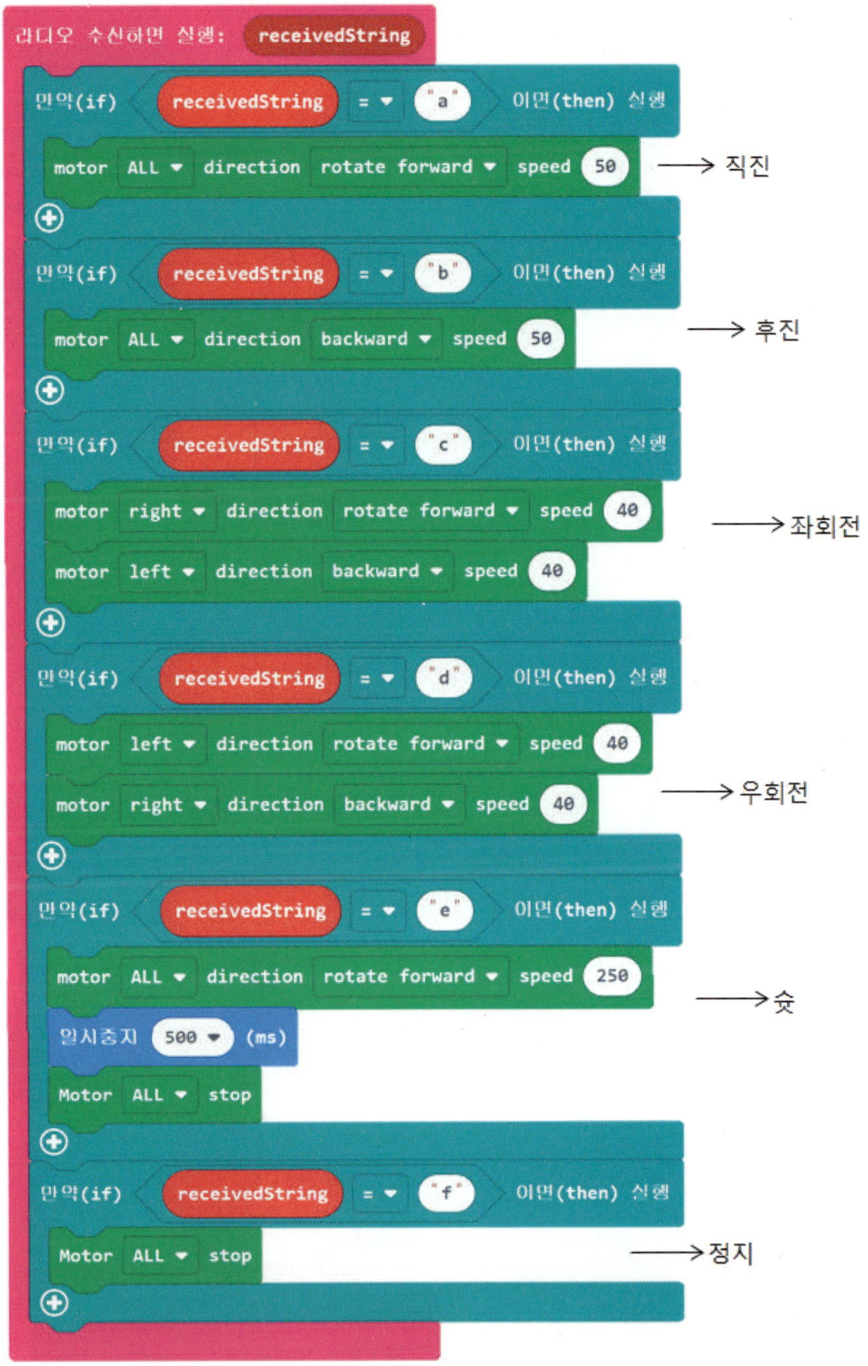
라디오 수신하면 실행: receivedString
만약(if) receivedString = "a" 이면(then) 실행
motor ALL direction rotate forward speed 50
직진
만약(if) receivedString = "b" 이면(then) 실행
motor ALL direction backward speed 50
후진
만약(if) receivedString = "c" 이면(then) 실행
motor right direction rotate forward speed 40
motor left direction backward speed 40
좌회전
만약(if) receivedString = "d" 이면(then) 실행
motor left direction rotate forward speed 40
motor right direction backward speed 40
우회전
만약(if) receivedString = "e" 이면(then) 실행
motor ALL direction rotate forward speed 250
일시중지 500 (ms)
Motor ALL stop
슛
만약(if) receivedString = "f" 이면(then) 실행
Motor ALL stop
정지

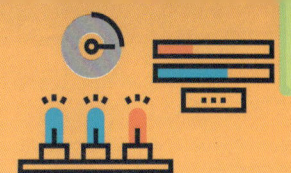

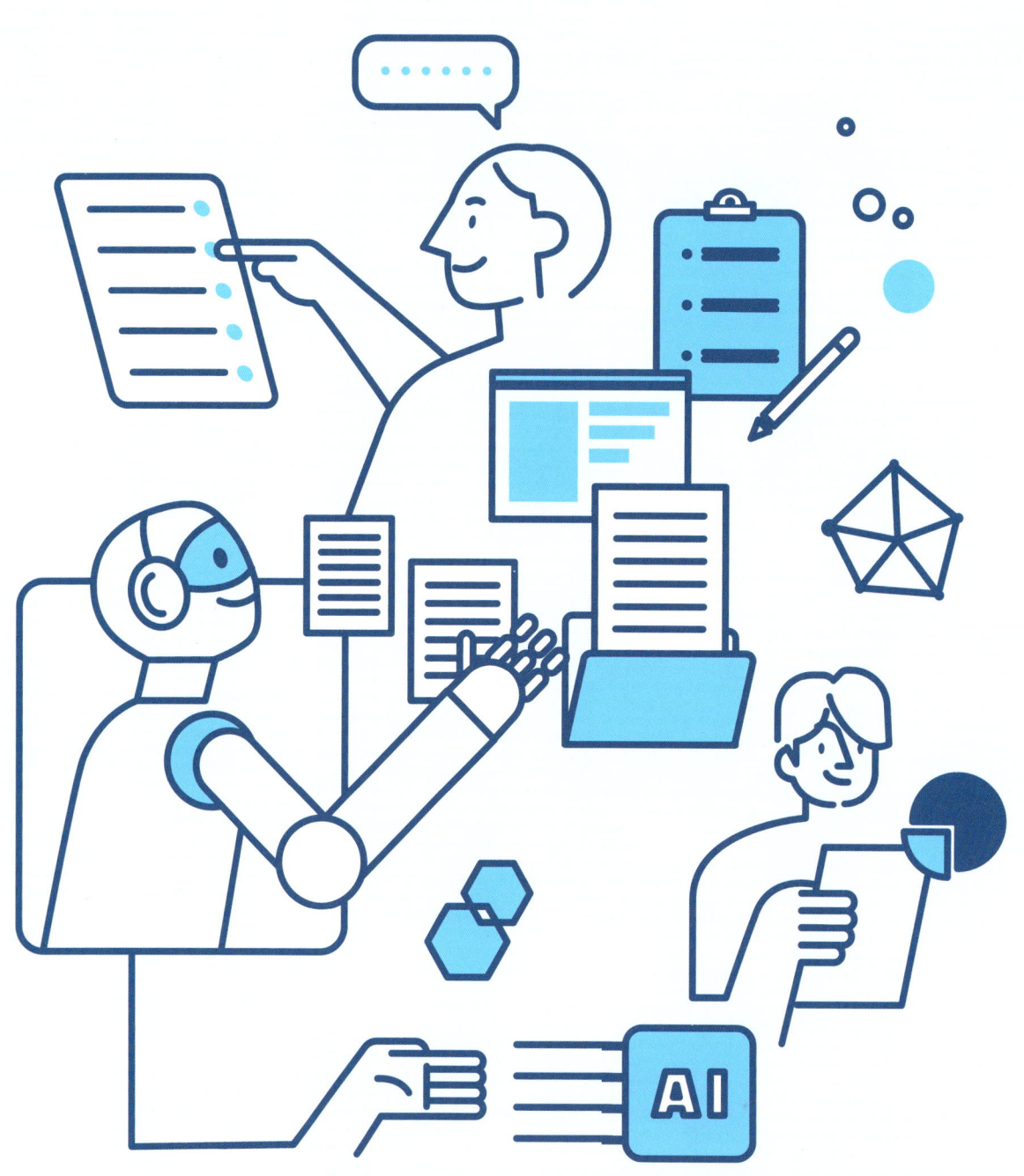

5장
허스키렌즈와 마이크로비트 MakeCode를 활용한 코딩하기 예제

기본

허스키렌즈, 마이크로비트 V2, 마퀸플러스, 마이크로 5핀 케이블, 기타재료(3D출력물 : 부록참고)

   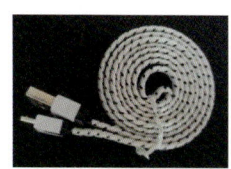

5장 허스키렌즈와 마이크로비트 MakeCode를 활용한 코딩하기 예제

husky,마퀸플러스 블록 추가

Makecode for microbit 의 고급-확장 목록에서 husky,마퀸플러스 블록을 추가하면 허스키렌즈와 관련된 블록코딩을 할 수 있습니다.

husky블록 알아보기

허스키렌즈에서 자주 쓰이는 코드블럭을 살펴보겠습니다.

`HuskyLens initialize I2C until success` — 설정을 I2C로 맞춘다.

`HuskyLens switch algorithm to Face Recognition` — 허스키렌즈의 기능을 '얼굴인식 알고리즘'으로 전환한

`HuskyLens request data once and save into the result` — 허스키렌즈의 데이터를 가져오고, 그 결과를 저장한

`HuskyLens get a total number of learned IDs from the result` — 허스키렌즈가 학습한 ID의 전체 갯수를 가져온

`HuskyLens check if frame is on screen from the result` — 허스키렌즈가 프레임(또는 화살표)이 화면에 있는지 확

`HuskyLens get ID of arrow closest to the center of screen from the result` — 화면에서 중앙에 가장 가깝게 위치한 화살표의 ID를 가져온

HuskyLens check if ID 1 is learned from the result	허스키렌즈가 ID1를 발견했는지 확인
HuskyLens get X beginning of ID 1 arrow from the result	ID1화살표의 X좌표 시작값을 가져온다. (또는 Y좌표, 가로폭, 세로길이)
HuskyLens get a total number of frame from the result	화면에 몇 개의 프레임이 있는지 갯수를 가져온
HuskyLens show custom texts "DFRobot" at position x 150 y 30 on screen	허스키렌즈 화면의 좌표 (x150,y30) 에 "DFRobot"이라는 텍스트를 나타낸다.
HuskyLens clear all custom texts on screen	화면의 모든 텍스트틀 지운

5장 허스키렌즈와 마이크로비트 MakeCode를 활용한 코딩하기 예제

01

허스키 영어 클래스
(색깔인식 Color Recognition)

스토리	허스키 렌즈를 이용해 색깔을 영어로 표시하는 시스템을 만들려고 해요. 허스키 렌즈에 보이는 사물의 색깔이 마이크로비트에 문자로 표시될 수 있도록 만들어 봅시다.
프로젝트	색깔에 대한 영어 스펠링을 알아보고 마이크로비트의 문자열 출력 을 이용해 출력합니다. 허스키렌즈는 색깔인식Color Recognition에서 색깔이 선명한 물체를 이용해 색깔을 학습시킵니다.
준비	허스키렌즈, 마이크로비트, 레고블럭 (색깔이 명확한 물체)
난이도	★☆☆☆☆

알gorism

- ▶ 만일 빨간색인가? RED 출력
- ▶ 만일 노란색인가? YELLOW 출력
- ▶ 아니면 우는 얼굴

허스키 영어 클래스

따라해 봅시다!

허스키렌즈를 Color Recognition(색깔인식)으로 변경합니다.

다중개체인식 세팅: Color Recognition에서 기능버튼 길게 눌러

Learn Multiple ▶ Save&Return

색깔 구분이 명확한 물체를 각각 ID1, ID2로 학습합니다.

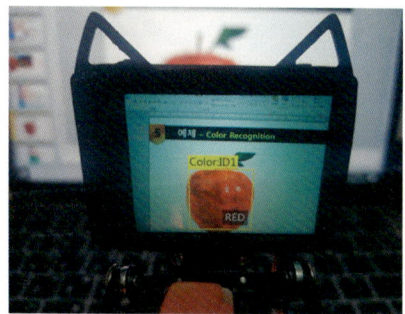

코딩하기

1. 만약~이면, 아니면 블록을 활용해 빨간색을 인식하면 LED 출력을
2. RED로 나타내도록 코딩합니다. (문자열 출력 이용
3. 노란색을 인식하면 '도' 1박자 출력하며 허스키가 인식을 했는지를 소리로 표시하고 "yellow"를 출력합니다.

5장 허스키렌즈와 마이크로비트 MakeCode를 활용한 코딩하기 예제

참의 조건을 두 개 이상 넣고 싶으면 어떻게 하나요?

🔀 **논리** 의 조건/선택실행 블록의 변형방법은, 먼저 조건문을 가져다 아래의 ⊕를 눌러 블록을 확장시킵니다. 필요에 따라 ⊖를 이용해 '아니면 실행(else)'은 뺄 수도 있어요.

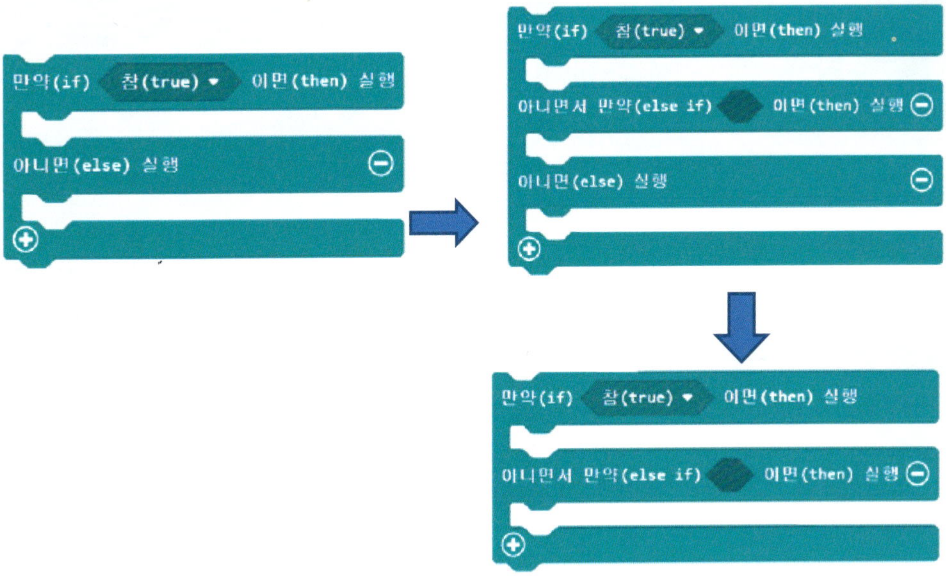

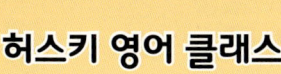
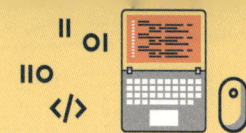

허스키 영어 클래스

전체코드

5장 허스키렌즈와 마이크로비트 MakeCode를 활용한 코딩하기 예제

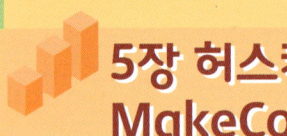  

범인을 찾아라!
(얼굴인식 Face Recognition)

스토리	다세대 주택에 도난 사건이 발생했어요. 경찰은 AI방범 시스템(허스키렌즈)에 찍힌 범인의 얼굴을 바탕으로 범인 수색에 나섭니다.
프로젝트	AI방범 시스템의 중요성이 높아지고 있는 가운데 허스키렌즈를 이용해 방범 시스템을 직접 만들어 봅시다. AI카메라(허스키렌즈)를 활용하여 얼굴 인식(Face Recognition)모드로 얼굴을 머신러닝학습을 하고 범인을 찾으면 마이크로비트의 LED와 소리로 알림을 할 수 있도록 코딩합니다.
준비	허스키렌즈, 마이크로비트, 확장보드(센서비트)
난이도	★★☆☆☆

알gorism

▶   몽타주가 인식되었는가?   경고 음악연주+ 화난 LED
▶   가족들의 얼굴이 인식되었나? 삐+하트 LED

범인을 찾아라!

따라해 봅시다!

허스키 렌즈의 기능버튼으로 얼굴인식기능 Face Recognition 모드에 진입합니다.

범인의 몽타쥬 사진을 카메라 앞에 두고 얼굴위에 하얀 네모박스가 나타날 때 학습버튼을 눌러 범인의 얼굴을 학습합니다.

학습 후 ID1이 생성되는 것을 확인합니다.
학습시킨 ID1을 활용해 Makecode 에서 코딩합니다.

코딩하기

1. 만약~이면, 아니면 블록을 활용해 화면에 얼굴을 인식하면(범인 외 모든 얼굴) 삐 소리(도 1박자)를 짧게 내고, 인식한 ID1(범인)이 나타나면 지정한 멜로디(경고음으로 만들기)를 울릴 수 있도록 코딩합니다.
2. 얼굴 인식 기능을 활용하여, 범인의 몽타주를 인식시키고 ID를 1번으로 부여합니다.
   만약~이면, 아니면 블록을 활용해 '1번이 아닌 다른 결과가 인식되었을 경우 즉, 범인의 몽타주를 제외한 가족의 얼굴을 인식하였을 경우 마이크로비트의 LED를 하트로 출력하는 것으로 코딩합니다.
3. MakeCode에서 제공하는 음악 블록을 이용해 빠른 비트로 경고음을 만들어 봅시다.

5장 허스키렌즈와 마이크로비트 MakeCode를 활용한 코딩하기 예제

🎧 음악 카테고리의 블록 사용하기 :
세로 한 줄은 왼쪽부터 도의 음의 여러 음계를 나타냅니다. 위, 아래 숫자 120은 Temp로 빠르기를 조절 할 수 있어요.

전체코드

 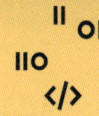 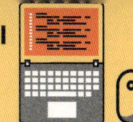

안면인식 스마트 주차 차단기

사진출처 - feepik.com

안면인식 스마트 주차 차단기 (Face Recognition)

스토리	입주민이 아닌 사람들 때문에 주차 공간부족에 시달리고 있어서 등록된 차만 주차를 할 수 있도록 주차시스템을 운영하려고 합니다. 허스키렌즈의 얼굴인식 머신러닝 기능을 활용해 스마트 주차 차단기를 설치하기로 했습니다.
프로젝트	AI카메라(허스키렌즈)를 활용하여 얼굴 인식(Face Recognition)모드로 가족의 얼굴을 학습합니다. 얼굴의 형상을 이용한 안면인식 주차차단기로 자동차가 진입하고 얼굴을 인식하면 바가 열리도록 만들어 봅시다. 차단기는 서보모터로 움직이고 열리도록 코딩합니다.
준비	허스키렌즈, 마퀸플러스(또는 확장보드), 마이크로비트, 서보모터, 차단기(3D프린팅), 가족사진(또는 피규어), 빨대
난이도	★★★☆☆

알gorism

▶ 학습된 얼굴인가? 서보모터 열림, 스마일 아이콘
▶ 사전에 인식된 얼굴이 아닌가? 서보모터의 작동 안함, 경고음 울리기

5장 허스키렌즈와 마이크로비트 MakeCode를 활용한 코딩하기 예제

따라해 봅시다!

얼굴인식 기능을 활용한 주차 차단기를 만들어 실생활에서도 사용할 수 있는 장치를 만들어봅시다.

허스키렌즈 학습하기 :

1. 다중개체인식 세팅: Face Recognition에서 기능버튼 길게 눌러 Learn Multiple ▶ Save&Return

2. 미리 준비한 사진으로 face모드에서 ID1~ 가족 수 만큼 학습합니다.

코딩하기

1. Makecode의 고급-확장 목록에서 husky를 검색하여 huskylens와 Marqueenplus블록을 추가합니다.

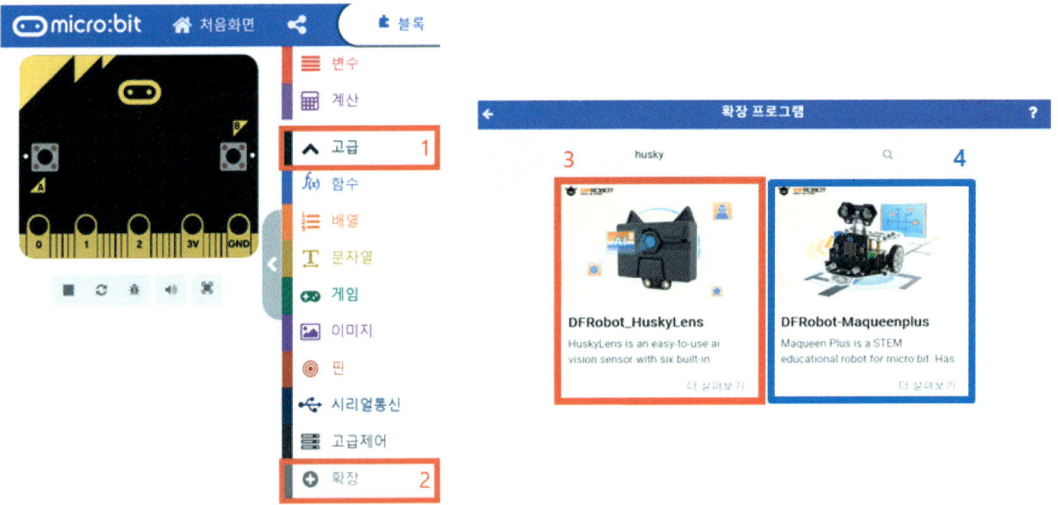

2. 변수 카테고리에서 'family'라는 변수를 만들고 허스키렌즈에서 학습한 ID(가족 1,2,3)를 변수에 저장합니다.

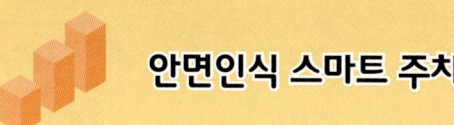 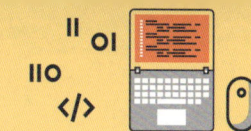

3. family에 가족의 수를 저장하는데 `1 부터 3 까지의 정수 랜덤값` 이 블록이 가족의 ID를 의미합니다. (만일 가족이 2명이면 1부터 2까지의 정수 랜덤값, 4명이면 1~4까지의 정수 랜덤 값을 지정하면 됩니다.)가족의 수에 따라 여러ID를 학습시키면 됩니다.

4. 주차 차단기가 가족(ID1~3)을 발견하면 서보모터를 이용해 차단기를 열고 삐~소리를 냅니다. (서보모터의 각도는 닫았을 때 90도 열었을 때 180도) 가족이 아닌 얼굴을 발견하면 우는 얼굴 아이콘을 표시합니다.

전체코드

 응용해 봅시다!

다세대 주택에서 도난이 발생했어요. 리스트를 이용해서 여러 호실의 얼굴을 인식하고 체크하는 코딩으로 문제를 풀어보세요.

5장 허스키렌즈와 마이크로비트 MakeCode를 활용한 코딩하기 예제

변수는 무엇인가요?

변수는 말 그대로 변하는 수, 고정되지 않은 수를 말합니다.

코딩을 할 때 변수는 어떤 수, 어떤 문자, 혹은 위치 정보를 저장하는 저장공간을 의미해요.

변수는 어떤 값을 임시로 저장해 놓을 수 있는 일종의 그릇이라고 볼 수 있어요.

변수를 다른 값으로 정하면 이전에 저장했던 값은 사라지고 지금 정한 값으로 변합니다.

MakeCode에서 간단한 예제로 변수를 이해해 봅시다.

수 세기 라는 변수를 만들어 수를 담는 그릇의 내용이 바뀌도록 합니다.

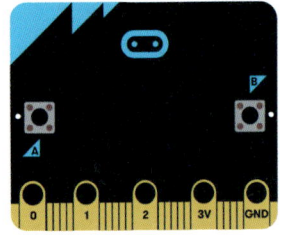
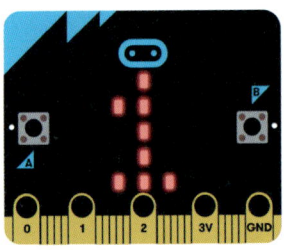
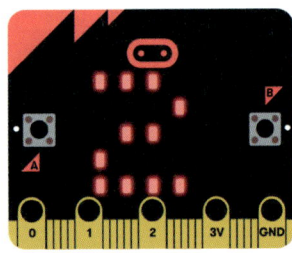

A버튼을 누를 때마다 변수 안의 숫자가 1씩 늘어나는 것을 볼 수 있습니다.

출처: https://jhnyang.tistory.com/74

 애완동물 산책시키기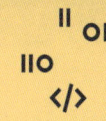

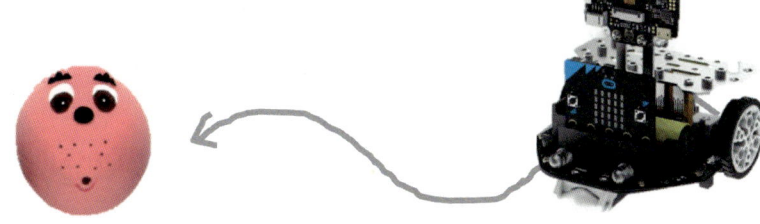

애완동물 산책시키기
(Object Tracking)

스토리	산책이 필요한 로봇 애완동물이 사물을 보고 따라오도록 만들어요. 애완동물(마퀸플러스)이 사물(간식모형)을 인식하고 방향을 조절하며 길을 잃지 않도록 만드는 것이 포인트!
프로젝트	AI카메라(허스키렌즈)를 활용하여 Object Tracking모드에서 애완동물이 좋아하는 사물을 학습합니다. 사물을 인식하면 마퀸플러스의 모터가 회전하며 렌즈의 좌표값대로 움직이도록 코딩합니다.
준비	허스키렌즈, 마퀸플러스, 마이크로비트, 사물(공,인형 등)
난이도	★★★☆☆

알gorism

- ▶ 학습된 사물(간식)인가? 변수 x ,y에 좌표값 저장
- ▶ 좌표의 왼쪽인가? 좌회전
- ▶ 좌표의 중앙인가? 직진
- ▶ 좌표의 오른쪽인가? 우회전

5장 허스키렌즈와 마이크로비트 MakeCode를 활용한 코딩하기 예제

따라해 봅시다!

허스키 렌즈 설정버튼 클릭 - 선택버튼 클릭으로 Object Tracking모드에 진입합니다. 따라다닐 물체(인형,공 등)를 ID1으로 학습시킵니다. ((2장 '허스키 렌즈 구성과 기능' Object Tracking참조)허스키 렌즈의 화면의 좌표는 총 X:320, Y:240입니다. x,y좌표의 위치를 찾아봅시다.

코딩하기

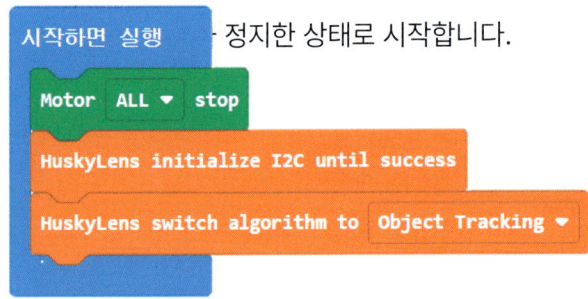

- 정지한 상태로 시작합니다.

기본적으로 가운데는 멈추고 왼쪽, 오른쪽, 위, 아래에 장난감이 위치하면 장남감의 위치로 움직이도록 코딩합니다.

2. 변수로 x와 y를 만들고, 움직임을 넣을 함수 move를 만들어 둡니다.

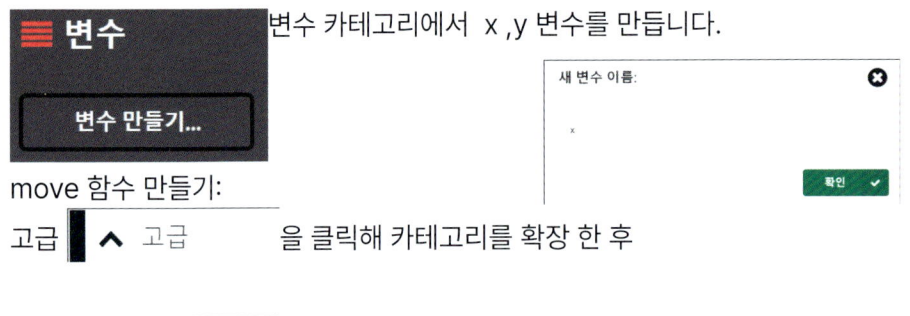

변수 카테고리에서 x ,y 변수를 만듭니다.

move 함수 만들기:

고급 ▲ 고급   을 클릭해 카테고리를 확장 한 후

함수 f(x) 함수   함수 편집에서 블록에 move 라 쓰고 완료를 누릅니다.

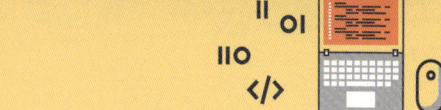

애완동물 산책시키기

3. 허스키 렌즈에 ID1이 인식되면 변수x에 장난감의 가로의 중심점을 저장하고, 변수 y에 장난감의 세로의 중심점을 넣습니다.

4. 장난감이 좌표의 가운데 위치하면 멈추고 다른 곳에 위치하면 멈춥니다. 아니면 호출 Move 를 호출합니다. 함수 호출 Move 코딩을 알아봅시다.

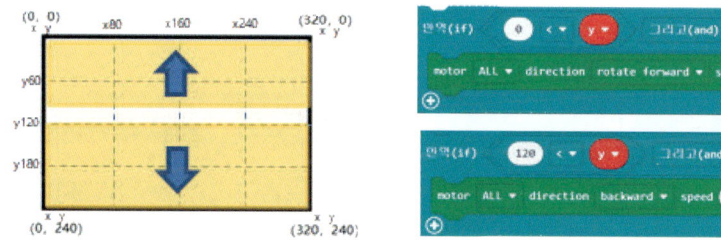

y좌표상 위쪽에 있으면 직진하고, y좌표상 아래에 있으면 후진합니다.

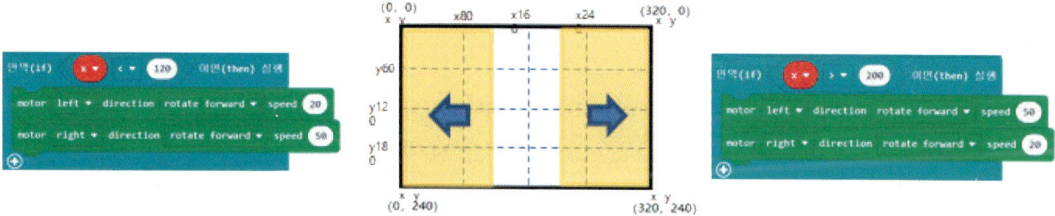

x좌표상 왼쪽에 있으면 장난감의 방향으로 좌회전, x좌표상 오른쪽에 있으면 장난감의 방향으로 우회전합니다.

5. y변수에 `y 에 HuskyLens get height of ID 1 frame from the result 저장` 이 블록을 써도 같은결과를 보입니다.

5장 허스키렌즈와 마이크로비트 MakeCode를 활용한 코딩하기 예제

전체코드

보여주면 그릴 수 있어?

   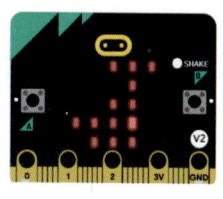

보여주면 그릴 수 있어?
(Color Recognition or Object Recognition)

스토리	그림을 잘 그리는 스마트한 로봇을 만들거에요. 학습한 색깔을 인식하면 그 색깔에 해당하는 과일을 그려줍니다.
프로젝트	노란색을 인식하면 LED점이 일정 좌표에서 시작하여 순차적으로 바나나를 그리도록 합니다.(Color Recognition) 또는 의자를 보면 의자를 그릴 수 있어요.(Object Recognition) 최단거리를 고려하여 순차적인 사고와 반복되는 블록을 함수로 지정하는게 포인트! 그림 그릴 대상을 똑같이 주고 블록의 개수를 적게하기 게임을 진행
준비	허스키렌즈, 확장보드, 마이크로비트 Corlor Recognition: 노란색 물체 준비 / Object일 때는 해당 사물 준비
난이도	★★☆☆☆

알gorism

▶ 노란색(ID1)을 인식했는가? 짧은 연주
   순차적으로 그림을 그려요.

5장 허스키렌즈와 마이크로비트 MakeCode를 활용한 코딩하기 예제

따라해 봅시다!

허스키 렌즈의 기능버튼으로 얼굴인식기능 Color Recognition 모드에 진입합니다. 노란색 사물을 카메라 앞에 두고 ID1으로 학습합니다.

코딩하기

1. 터틀 블록 확장 : 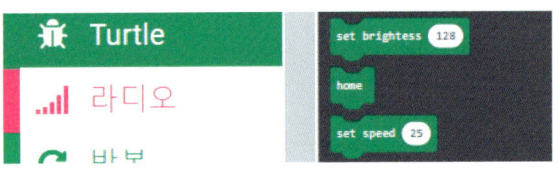 을 클릭하고 목록에서 microturtle을 선택하여 블록을 확장합니다.

2. 함수 만들기 :  선택, 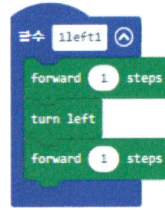 를 클릭하여 블록 목록을 확장합니다. '함수만들기' - '완료'를 클릭하면 함수 블록이 생성되며 네모 칸 안에 이름을 지정합니다.

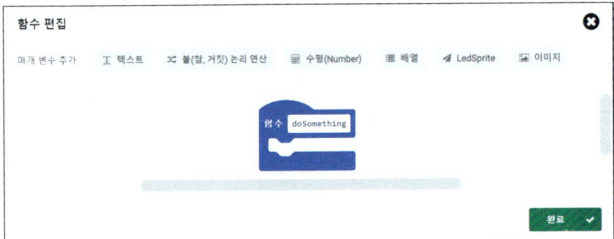

기본적으로 가운데는 멈추고 왼쪽, 오른쪽, 위, 아래에 장난감이 위치하면 장남감의 위치로 움직이도록 코딩합니다.

3. 변수로 x와 y를 만들고, 움직임을 넣을 함수 move를 만들어 둡니다.

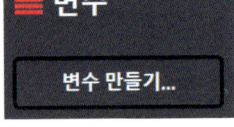 변수 카테고리에서 x ,y 변수를 만듭니다.

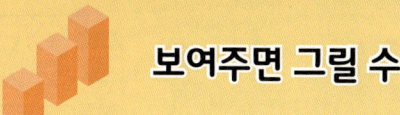 

move 함수 만들기:

고급  을 클릭해 카테고리를 확장 한 후

함수 　f(x) 함수　 함수 편집에서 블록에 move 라 쓰고 완료를 누릅니다.

4. 허스키 렌즈에 ID1이 인식되면 변수x에 장난감의 가로의 중심점을 저장하고, 변수 y에 장난감의 세로의 중심점을 넣습니다.

5. ID1을 인식하면 연주할 음악을 반복을 이용해 만듭니다

6. 마이크로비트의 좌표를 확인하고 시작 지점을 지정합니다.

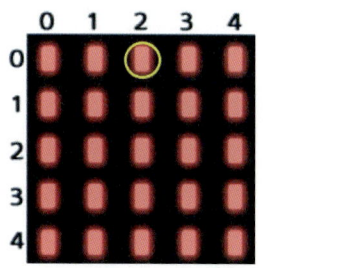 

7. 순차적으로 점을 회전하고 이동하여 그림을 그릴 수 있도록 코딩합니다. 되도록 지나온 길은 다시 지나지 않도록 최소한의 동선을 고려합니다.

5장 허스키렌즈와 마이크로비트 MakeCode를 활용한 코딩하기 예제

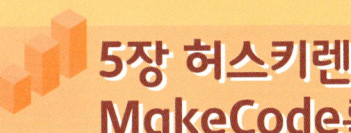

전체코드

응용해 봅시다!

원숭이 얼굴을 보면 바나나를 그리도록 만들어 봅시다.

Object Recognition에는 원숭이가 없어요. 동물의 얼굴도 Face Recognition에서 인식가능합니다. Face모드나 Object Classification에서 학습하여 id1, id2… 만들어서 사용하면 됩니다.

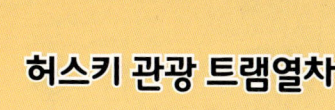
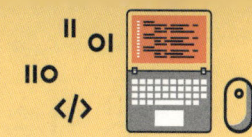

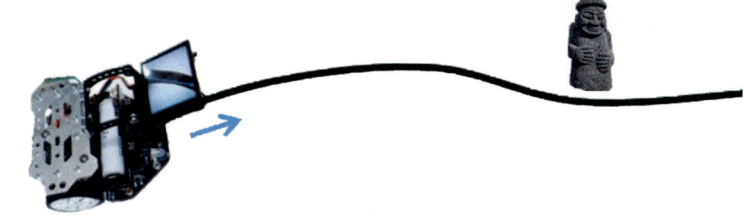

허스키 관광 트램열차
(Line Tracking)

스토리	여행지에 가면 정해진 라인을 따라 다니는 트램을 볼 수 있어요. 허스키 트램을 타고 관광지 여러 곳으로 여행을 떠나 볼까요?
프로젝트	관광지도에 검은라인을 만들고 마퀸이 관광지를 돌아다니도록 코딩합니다. 라인의 각이 급하게 휘면 라인을 이탈 할 수 있으므로 전기테이프를 이용해서 라인을 수정하면서 길을 만들어 봅니다.
준비	허스키렌즈, 마퀸플러스, 마이크로비트, 라인이 그려진 map(또는 전기테이프), 드라이버(공구)
난이도	★★★☆☆

알gorism

- ▶ 라인의 끝이 화면의 중앙인가?   직진
- ▶ 라인의 끝이 화면의 왼쪽인가?   좌회전
- ▶ 라인의 끝이 화면의 오른쪽인가?   우회전
- ▶ 라인이 없는가?   멈춤

5장 허스키렌즈와 마이크로비트 MakeCode를 활용한 코딩하기 예제

따라해 봅시다!

허스키 렌즈가 바닥의 선을 잘 볼 수 있도록 결합된 나사를 조절해 각도를 숙여 주세요.

허스키 렌즈에서 기능버튼(왼) 클릭▶다이얼 돌려 선택 ▶ 기능버튼(왼) 클릭으로 Line Tracking 모드에 진입합니다.(2장 '허스키 렌즈 구성과 기능'Line Tracking 참조)

따라다닐 선을 ID1으로 학습시킵니다.
허스키 렌즈 화면의 좌표값과 블록의 x endpoint와 x beginning이 가르키는 곳을 알아봅시다. 선이 가르키는 왼쪽 오른쪽 가운데의 방향이 중요하므로 x좌표만 코딩에 활용합니다.

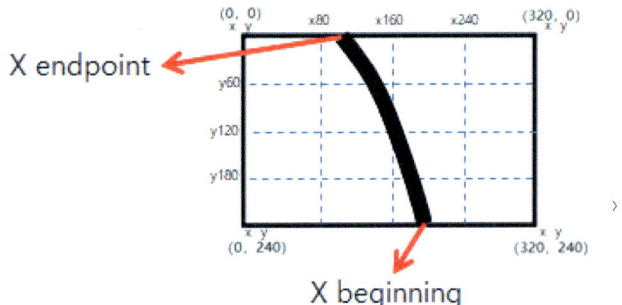

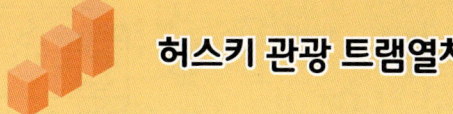

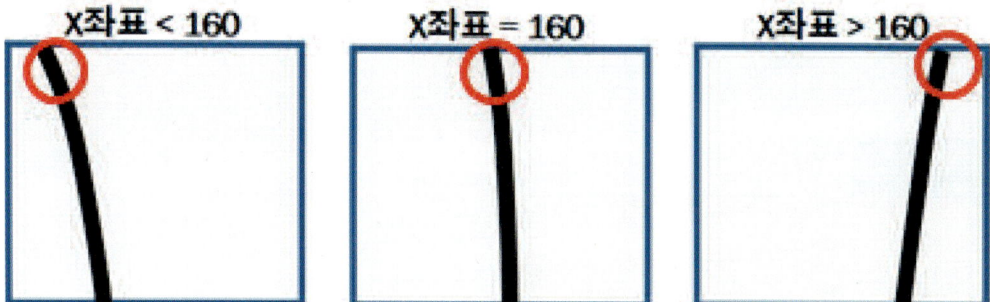

코딩하기

1. x좌표의 화살표 끝이 화면의 가운데 위치하면 직진합니다.
2. x좌표의 화살표 끝이 화면의 중앙보다 왼쪽이면 좌회전 합니다.
3. x좌표의 화살표 끝이 화면의 중앙보다 오른쪽이면 우회전 합니다.
4. 화면에 선이 보이지 않으면 멈춥니다.

*바퀴의 회전은 마이크로비트 학습에서 확인하세요.

5장 허스키렌즈와 마이크로비트 MakeCode를 활용한 코딩하기 예제

전체코드

```
시작하면 실행
    HuskyLens initialize I2C until success
    HuskyLens switch algorithm to  Line Tracking ▼

무한반복 실행
    HuskyLens request data once and save into the result
    x ▼ 에  HuskyLens get  X endpoint ▼  of the No. 1  arrow from the result  저장
    만약(if)  x ▼  = ▼  160  이면(then) 실행
        motor  ALL ▼  direction  rotate forward ▼  speed  20
    ⊕
    만약(if)  x ▼  < ▼  160  이면(then) 실행
        motor  left ▼  direction  rotate forward ▼  speed  20
        motor  right ▼  direction  rotate forward ▼  speed  50
    ⊕
    만약(if)  x ▼  > ▼  160  이면(then) 실행
        motor  left ▼  direction  rotate forward ▼  speed  50
        motor  right ▼  direction  rotate forward ▼  speed  20
    ⊕
    만약(if)  HuskyLens get a total number of  arrow ▼  from the result  = ▼  0  이면(then) 실행
        Motor  ALL ▼  stop
    ⊕
```

스마트한 농업-과일 선별장치

스마트한 농업-과일 선별장치
(Color Recognition)

스토리	제주도에 있는 귤 농장에서 태풍에 귤이 많이 떨어졌어요. 떨어진 귤 중 안 익은 귤과 잘 익은 귤을 구분하여 선별하는 장치를 만들어 피해를 복구하려고 합니다.
프로젝트	허스키렌즈의 색상인식 기능을 이용해 잘 익은 귤색이 인식되면 컨베이어 장치를 작동시키고, 초록색이 인식되면 서보모터에 달린 장치를 통해 초록색의 귤을 따로 분류하는 장치를 만들어 봅시다. 서보 값은 서보 모터의 종류에 따라 달라질 수 있어요.
준비	허스키렌즈, 마퀸 플러스, 마이크로비트, 서보모터 만들기재료(클레이, 악어집게 2ea, 와이어, 종이컵大 1ea)
난이도	★★★☆☆

알gorism

▶ 시작하면? 서보모터 중간으로 회전하기
▶ 과일이 익었는가?(주황색) 왼쪽 바구니 방향으로 회전
▶ 과일이 익지 않았는가?(초록색) 오른쪽 바구니 방향으로 회전

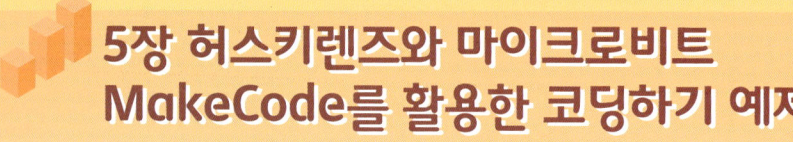 

따라해 봅시다!

과일과 선별 컨테이너 등의 장치들을 만들어 봅시다.

클레이로 익은 귤과 안 익은 귤을 만듭니다.

종이컵을 오려서 과일이 굴러올수 있는 컨테이너 장치를 만들어요.

와이어를 구부려서 서보모터의 혼에 끼워서 모양을 만듭니다.

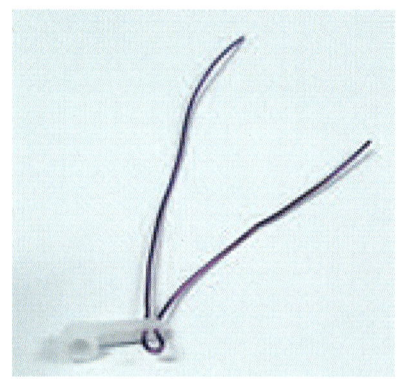 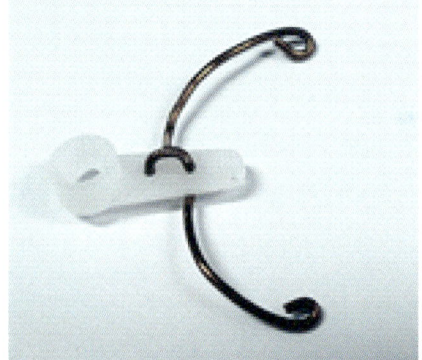

 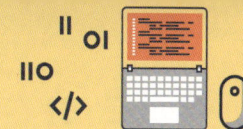

스마트한 농업-과일 선별장치

허스키렌즈를 뒤쪽 방행을 보게 조립을 하고 고개를 아래쪽을 보도록 나사를 조절해서 각도를 숙여줍니다.

서보모터를 뒤집어서 마퀸플러스에 나사를 이용해 부착합니다.

종이컵 컨테이너 장치는 악어집게를 이용해서 마퀸플러스에 고정합니다.

Color Recognition에서 잘 익은 귤은 ID1으로 안 익은 귤은 ID2로 학습합니다.

 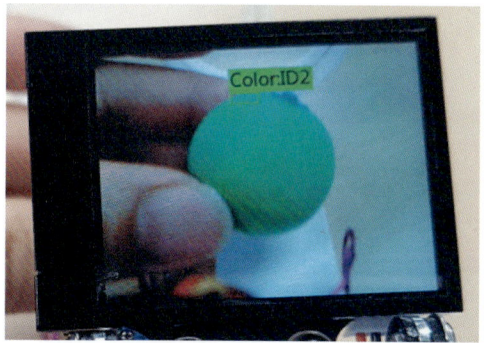

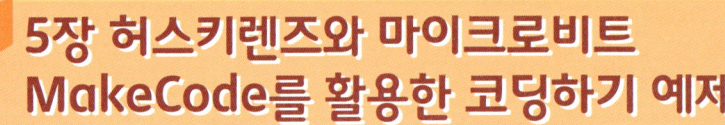

코딩하기

서보모터의 각도를 60도로 다운받고 혼을 60도가 정 중앙에 오게 다시 꽂습니다.

화면의 Y좌표 80 아래로 과일이 내려오고 익은과일 ID1을 인식하면 서보모터를 0도로 회전(좌회전)합니다. 1초 후 중간 60도로 돌아옵니다.

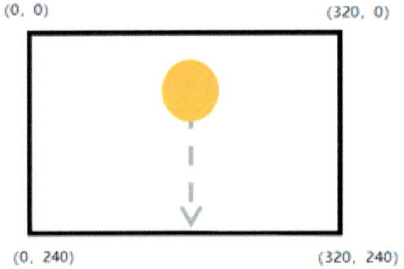

같은 방법으로 초록을 인식하면 우측으로 회전합니다.

제작 후 서보모터의 각도는 공의크기에 맞춰 옆으로 떨어뜨릴 수 있게 조절하세요.

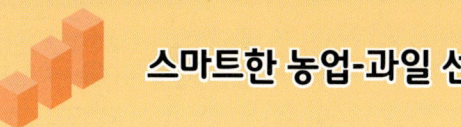 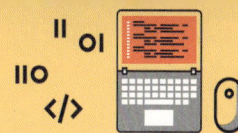

전체코드

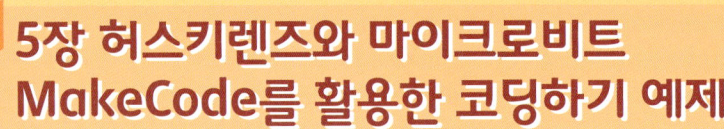

물류센터 로봇의 물건찾기 (tag)

스토리	아마존과 같은 온라인 쇼핑몰의 물류창고에요. 너무 많은 상품이 있어서 물건의 위치를 잘 찾을 수가 없어요. 로봇의 카메라에 주문서의 Tag를 인식하면 상품이 있는 위치를 알려 줄 수 있는 장치가 필요해요.
프로젝트	Tag인식을 이용해 각 물품에 위치 정보를 담을 Tag를 학습합니다. 리스트를 활용해 물품의 위치 정보를 저장하고 Tag를 인식했을 때 물품의 위치정보가 마이크로비트의 전면 LED에 문자열로 인출 될 수 있도록 문제를 해결 해 봅시다.
준비	허스키렌즈, 마퀸플러스, Tag 7개, 주문서양식
난이도	★★★☆☆

알gorism

- ▶ 만일 ID1~3번까지의 품목인가?   A3-2출력
- ▶ 만일 ID4번 품목인가?   B5-1출력
- ▶ 만일 ID5 품목인가?   C1-2출력
- ▶ 만일 ID6~7번까지의 품목인가?   D4-3출력

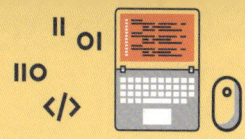

87

물류센터 로봇의 물건찾기

따라해 봅시다!

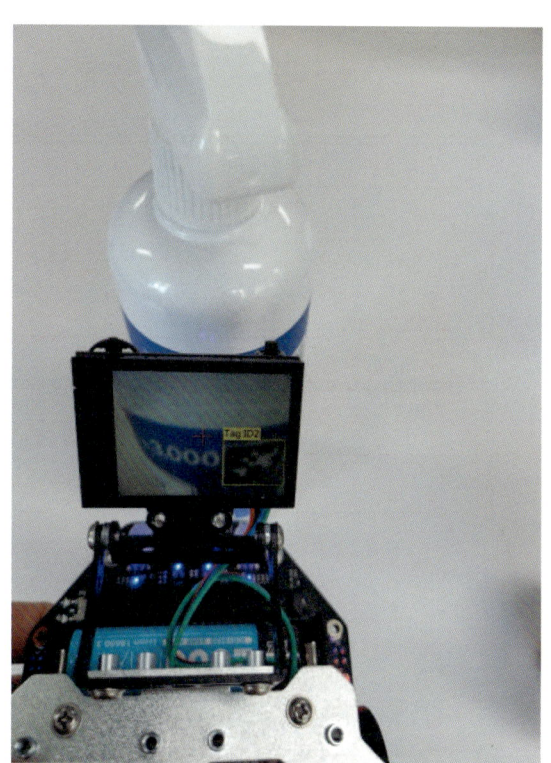

1. 총 상품의 분류Tag를 허스키에 차례로 학습시킵니다. (ID1~ID7)

ID1	ID2	ID3	ID4	ID5	ID6	ID7
A3-2			B5-1	C1-2	D4-3	

5장 허스키렌즈와 마이크로비트 MakeCode를 활용한 코딩하기 예제

2. 물품보관창고로 들어온 주문서를 확인하고 Tag를 인식해서 상품이 있는 섹션을 확인하여 포장 파트로 물건이 이동할 수 있도록 합니다.

주 문 서	주문번호
	TC6303-1012

주문자	주 소	충청남도 공주시 신관동 공주대학교 산학연구관 403호
	성 명	Eric Jeon

주문자	서랍장	규격	120-50-45	위치 QR
		Color	Br	
	모니터	규격	20in	위치 QR
		Color	S	
	사무실등	규격	50-50-64	위치 QR
		Color	W	

BINCIZON CO.

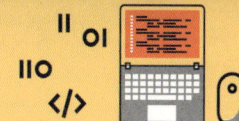

물류센터 로봇의 물건찾기

코딩하기

1. 리스트추가 :  배열 에서 문자열 리스트 블록을 가져옵니다.

2. 문자열리스트 블록에서 +를 체크하고 리스트를 한 개 더 늘립니다.

3. 물건이 놓인 장소를 의미하는 숫자나 문자의 지정번호를 " "안에 넣습니다.

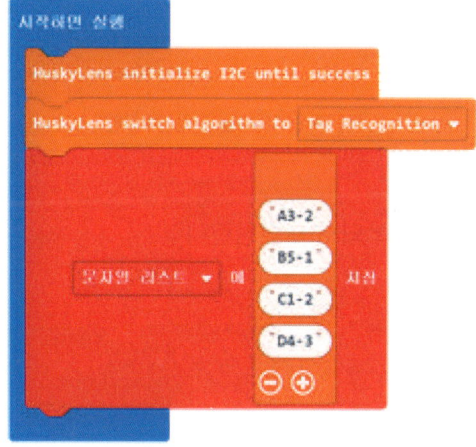

5장 허스키렌즈와 마이크로비트 MakeCode를 활용한 코딩하기 예제

4. 학습한 허스키 렌즈의 ID들을 나누어 조건에 넣습니다.

ID1~3 물건은 A3-2구역

ID4 물건은 B5-1구역

ID5는 C1-2

ID6은 D4-3 구역으로 마이크로비트의 LED에 문자열로 출력 되도록 코딩합니다.

 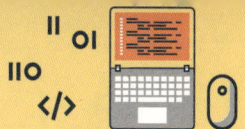

물류센터 로봇의 물건찾기

전체코드

5장 허스키렌즈와 마이크로비트 MakeCode를 활용한 코딩하기 예제

해양쓰레기 청소부
(Object Classification)

사물 분류((Object Classification)는 V0.5.1로 펌웨어 업그레이드해야 사용가능합니다. 펌웨어 다운로드 참고하세요.

스토리	해양 쓰레기가 심각해서 선박사고나 동식물의 개체수가 감소하는 등의 문제들이 발생하고 있어요. 바다환경이 더 나빠지기 전에 바다를 구해야 할 것 같아요.
프로젝트	허스키렌즈의 개체 분류기능 사용하여 바다 속의 쓰레기를 발견하고 치우는 기능을 탑재한 로봇을 만들어봅시다. 1. 허스키 청소로봇이 제자리를 천천히 돌며 쓰레기를 찾습니다. 2. 쓰레기를 발견하면 앞으로 직진합니다. 3. 직진하다 해안선을 밟으면 후진합니다. 4. 다시 바다만 보이고 저속으로 회전합니다.
준비	허스키렌즈, 마퀸플러스, 쓰레기, 주변을 차단한 가림막(바다환경), 전기테이프
난이도	★★★★☆

알gorism

- ▶ 바다배경(ID2)인가?   저속으로 제자리돌기
- ▶ 쓰레기를 발견(ID1) 했는가?   직진
- ▶ 해안선(검은 선)을 인식했는가?   후진
- ▶ 학습된 환경이나 물체가 없는가?   저속으로 제자리 돌기

 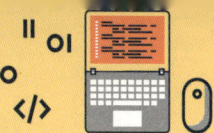

해양쓰레기 청소부

 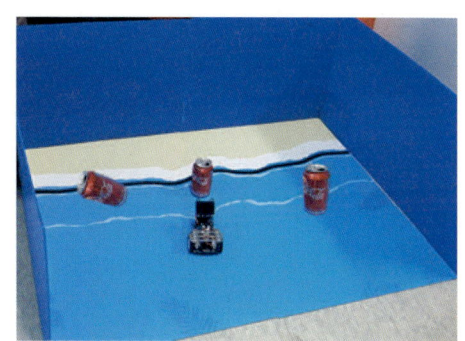

따라해 봅시다 !

1. 삼면을 바다속으로 꾸미기위해 파란색으로 꾸민 상자나 이사용 박스를 준비합니다.
2. 바닥은 검은 전기테이프로 해안선 모양을 만들어 줍니다.
3. 쓰레기로 사용할 음료 캔은 바다색에 있을 때 눈에 잘 띄는 색으로 준비합니다.
4. 모래사장이 시작하는 부분에 전기테이프를 붙입니다.
5. 허스키렌즈 펌웨어 버전 V0.5.1 Norm 버전 인지 확인하고 이하버전은 최신의 버전으로 업로드합니다.
6. 허스키렌즈를 Object Classification으로 세팅을 맞추고 바다를 ID1, 쓰레기 캔을 ID2로 학습합니다.
7. Object Classification(개체분류) 학습하기

〈ID1 바다배경 학습하기〉

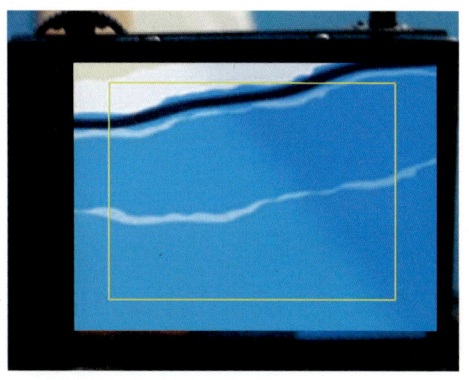

5장 허스키렌즈와 마이크로비트 MakeCode를 활용한 코딩하기 예제

1. 노란사각 프레임 생기면

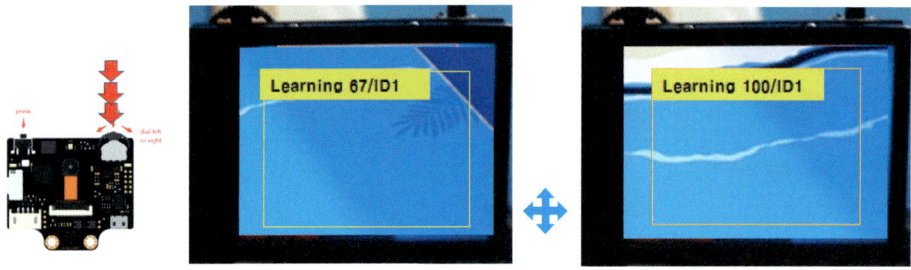

2. 학습버튼(우)을 카운트가 100정도로 올라가도록길게 누르고 손을뗍니다.
   학습버튼을 누르고 있는 동안 바다의 여러모습이 학습 되도록 좌 우 앞 뒤로 천천히 움직입니다.

〈ID2 쓰레기 학습하기〉

3. 한번 클릭(다음 ID학습으로 넘어가기 위함)

4. 쓰레기를 화면 가운데 맞추고

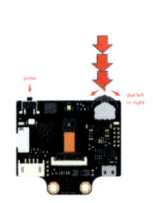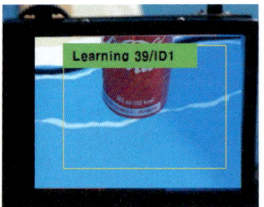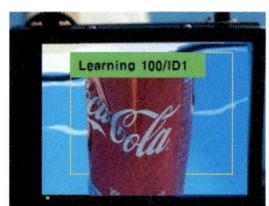

5. 학습버튼 길게 누르기(카운트100정도/ 누르면서 앞뒤로 움직이기)

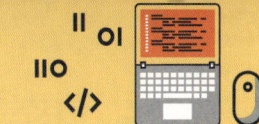

해양쓰레기 청소부

6. 결과확인:　　바다배경 ID1 확인　　　쓰레기 ID2 확인

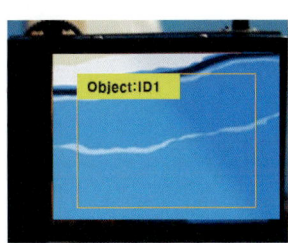
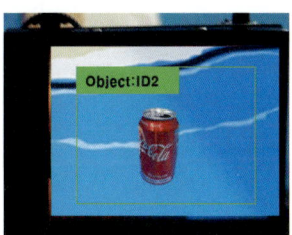

7. 삭제가 필요할 때는 두 버튼 동시에 누르고 학습버튼(우) 클릭합니다.

개체분류(Object Classification) 학습을 잘 하려면?

1. 바다배경 ID1를 학습하고 쓰레기ID2 학습이 연속동작이어야 합니다.
   다음ID 학습까지 시간이 길어지면 중간에서 저장되고 더 이상 ID를 늘릴 수 없어요.
   중간 저장으로 끝난 경우는 버튼 두 개 동시 눌러서 삭제하고 다시 시도합시다.

2. 개체 분류는 좋은 데이터 양이 많을수록 정확도가 높아져요.
   학습버튼을 누르고 있을 때 앞뒤 좌우로 화면을 돌려서 다양한 대상의 모습을 학습하는 것이 좋습니다. (단, ID2 쓰레기는 화면의 중앙에 두고 앞뒤 위주로 학습해야 정면에 있을 때 앞으로 똑바로 밀어낼 수 있어요.)

3. 각 ID 마다 프레임의 색이 달라요. (ID1은 노란색, ID2는 연두색..)

5장 허스키렌즈와 마이크로비트 MakeCode를 활용한 코딩하기 예제

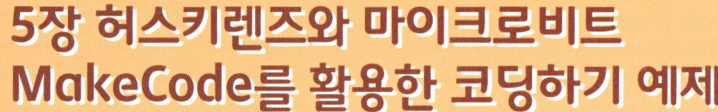

코딩하기

1. I2C통신과 Object Classification으로 기본 세팅합니다.
   조건문을 다음과 같이 변형합니다.

```
시작하면 실행
HuskyLens initialize I2C until success
HuskyLens switch algorithm to Object Classification
```

```
무한반복 실행
HuskyLens request data once and save into the result
만약(if) 참(true) 이면(then) 실행

아니면서 만약(else if)      이면(then) 실행

아니면(else) 실행
```

```
무한반복 실행
HuskyLens request data once and save into the result
만약(if) HuskyLens check if ID 2 frame is on screen from the result 이면(then) 실행
    <1조건>  쓰레기(ID2) 발견 : 직진
    <2조건>  해안선(검은 선)밟으면: 후진
아니면서 만약(else if) HuskyLens check if ID 1 frame is on screen from the result 이면(then) 실행
    <3조건>  바다(ID1)가 보이면: 저속으로 돌기
    <4조건>  해안선(검은 선)밟으면: 후진
아니면(else) 실행
    <5조건>  학습이 안된 곳이 보이면: 저속으로 돌기
```

배경 색상을 ID1번으로, 쓰레기는 ID2번으로 학습을 시켜 놓고 조건문에 적용하여 배경과 쓰레기를 구분할 수 있도록 합니다.

해양쓰레기 청소부

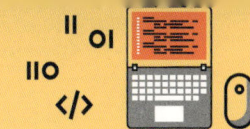

〈1조건〉 쓰레기(ID2)발견 : 직진

ID2를 인식한다는 것은 쓰레기를 찾았다는 것으로, 인식하자마자 멈춘 뒤, 전진함으로써 모래사장으로 쓰레기를 밀어 보내는 작동을 합니다.

〈2조건〉 해안선(검은 선) 밟으면 : 후진

쓰레기를 보고 해안선으로 밀어내려 전진을 하던 중 해안선(검은선)이 인식되면 쓰레기를 두고 바닷속으로 후진합니다.

라인 트래킹 센서는 L1과 R1 두 개 중 하나가 검은 선을 인식할 때 라인 트래킹을 함으로써 바다와 모래사장 사이의 검은색 선을 인식하게 되는데, 검은 선을 인식하면 모래사장에 도달한 것으로 판단하여 전진을 일시 중지하고, 2초간 후진해 다시 바다 속으로 들어갑니다.

〈3조건〉 바다(ID1)이 보이면 : 저속으로 돌기

ID1바다배경이 보이면 제자리에서 저속(30~40정도)으로 돌며 쓰레기를 찾습니다.
속도는 배터리의 잔량에 따라 달라질 수 있습니다.

5장 허스키렌즈와 마이크로비트 MakeCode를 활용한 코딩하기 예제

여기서 0.1초간 회전하고 멈추는(일시중지 100ms) 이유는?

빠른 속도로 무한 회전하다 보면 쓰레기를 인식하고 멈춤 지시를 내리더라도, 프레임에서 벗어나 다시 회전하는 경우가 많아 중간 중간 끊어줌으로써 인식의 정확도를 높여주기 위해서입니다.

〈4조건〉 2조건과 동일

ID1바다가 보이고 저속으로 돌던 중 해안선을 밟았을 조건입니다.

〈5조건〉 학습이 안 된 곳이 보이면 : 저속으로 돌기

학습이 안 된 곳이 보인다면 저속으로 돌며 쓰레기를 찾습니다.

해양쓰레기 청소부

전체 코드

5장 허스키렌즈와 마이크로비트 MakeCode를 활용한 코딩하기 예제

마퀸플러스의 라인 트래킹 센서에 대해 알아봐요.

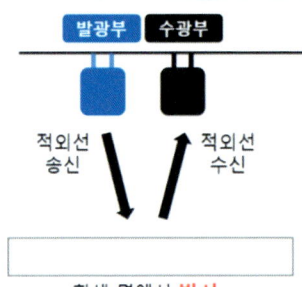
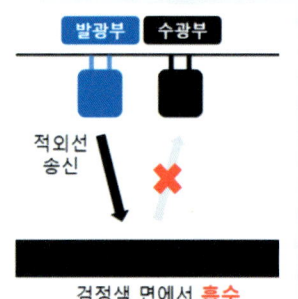

1. 라인트레이서의 기본원리 : 바닥에 적외선 센서를 부착하여 반사되어 되돌아오는 광량에 따라 바닥과 라인의 유무를 판단하는 원리입니다.

2. 마퀸플러스의 전면 라인센서는 L1, L2, R1, R2 네 개의 라인트레킹센서로 이루어져 있어요. 라인을 인식하면 기판 윗면의 led에 불이 들어옵니다.

3. 센싱방법 : 검은 선이 있으면 1, 없으면 0의 값을 가집니다. (마퀸모델은 반대)

 응용해 봅시다!
　　위의 코드를 보면 '해안선을 인식하면 후진하기'나 '저속으로 제자리돌기' 같은 블록들이 반복됩니다. 이 부분을 함수 블록을 사용하여 경제적인 코딩으로 바꿔봅시다. 함수 만들기 참고

똑똑한 소비1: 계산기가 장착된 카트

똑똑한 소비1:
계산기가 장착된 카트 (Tag Recognition)

스토리	엄마가 마트에 가서 물건을 사고 있어요. 카트에 물건을 담다보니 계산할 총 금액이 얼마인지 궁금해 졌는데.. 다시 물건이 있던 선반으로 돌아가서 물건가격을 확인하고 덧셈을 해야 할까요?
프로젝트	QR Code 계산기를 카트에 장착해서 문제를 해결해 봅시다. 물건 가격을 계산해가며 카트에 물건을 담으면 똑똑한 쇼핑환경을 제공할 수도 있고 무분별한 소비도 줄일 수 있을 거 에요.
준비	허스키렌즈, 마이크로비트, 마퀸 플러스, (장난감 카트)
난이도	★★★★☆

알gorism

- ▶ 'A' 버튼을 누르면? 각 변수 값을 0으로 초기화 하고 'X' 출력
- ▶ 허스키렌즈가 ID1(샌드위치)를 인식하면? 'sandwich' 변수값 30씩 증가 후 '삐' 소리출력
- ▶ 허스키렌즈가 ID2(콜라)를 인식하면? 'cola' 변수 값 20씩 증가 후 '삐' 소리출력
- ▶ 'B' 버튼을 누르면? 각 변수의 값을 모두 더하고, 더한 값을 'total' 변수에 저장한 뒤 그 값을 출력

5장 허스키렌즈와 마이크로비트 MakeCode를 활용한 코딩하기 예제

따라해 봅시다!

Tag가 한 화면에 같이 잡히지 않고 하나씩 따로 잡히도록 이미지를 오려서 사용하거나 옆의 이미지를 가리고 읽히도록 합니다.

명칭이 허스키렌즈에서는 Tag라 하고 코딩블록에서는 QR이라합니다.

1. 허스키렌즈를 Tag Recognition(테그인식)으로 변경합니다.
2. 다중개체인식 세팅: Tag Recognition에서 기능버튼 길게 눌러

Learn Multiple ▶ Save&Return

3. 인식가능한 Tag 중 세 개를 골라 각각 ID1, ID2, ID3로 학습합니다.

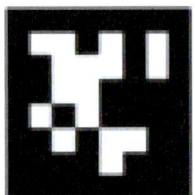  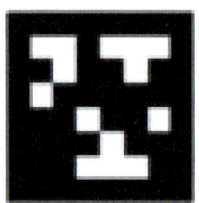

(2장 허스키렌즈의 구성과 기능 '테그인식'의 Tag 참고)

코딩하기

1. 변수 카테고리 [변수] 에서 각 항목별 변수를 만들고(sandwich, cola, water), 합을 계산할 total의 변수를 만들어요.(총 4개의 변수 생성) 변수의 역할은 가격 값을 저장하는 용도로 사용하게 됩니다.
2. I2C통신 지정과 QR Recognition으로 변경하는 기본 블록을 세팅합니다.

```
시작하면 실행
    HuskyLens initialize I2C until success
    HuskyLens switch algorithm to  QR Recogmition (EDU only) ▼
```

똑똑한 소비1: 계산기가 장착된 카트

3. 입력 카테고리에서 A누르면 실행에 각 항목의 초기값 '0'을 저장합니다. (A를 누르면 계산되었던 값들을 지우고 초기 상태로 돌아가는 역할을 합니다)

4. 각 품목별 Tag ID와 변수를 연결하고, 조건문을 사용해 Huskylens 화면상에 인식된 ID별로 변수에 값을 저장하도록 코딩을 구성합니다. 각 품목별로 변수에 값을 저장하면 인식을 알리는 삐 소리를 내며 값은 저장하고, 이후에 다음 품목을 인식시키면, 계산의 정확도가 올라갑니다.

5장 허스키렌즈와 마이크로비트 MakeCode를 활용한 코딩하기 예제

5. B를 누르면 카트에 담은(변수에 누적되어 있음) 물건들의 합을 변수 'Total'에 저장하고 마이크로비트가 LED 수 출력으로 보여줍니다.

전체코드

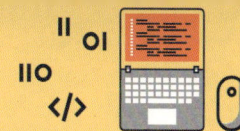

똑똑한 소비1: 계산기가 장착된 카트

변수의 초기화는 왜 하나요?

변수는 처음에는 값이 정해지지 않은 상태예요. 변하는 값이 들어오기 전, 최초로 값을 저장하는 것을 초기화라고 합니다. 변수를 선언하면 초기화는 꼭 해주는 것이 좋습니다.
초기화를 하지 않으면 계속 값이 누적되어 큰 값이 나오게 됩니다.

 응용해 봅시다!

두 대의 마이크로비트를 활용해 라디오 통신 기능을 사용해 봅시다.
B버튼을 누르면 라디오 그룹을 통해 변수 값을 출력해 보도록 만들어 봐요.
라디오 통신 기능을 사용하면 0~255 까지의 값만 출력하면 되는데, 계산 값이 255가 넘을 경우 어떤 방식을 이용해 문제를 해결 할 수 있을까요?

5장 허스키렌즈와 마이크로비트 MakeCode를 활용한 코딩하기 예제

11

스쿨존 자율주행자동차 프로젝트
(Tag , Color Recognition 혼합)

스토리	학교주변 놀이터 등 어린이 보호구역에서 자동으로 속도를 줄이고 운전하는 자동차를 만들면 좀 더 학교 주변이 안전할 것 같아요.
프로젝트	라인트레이싱, 라디오 전송, 허스키렌즈의 테그 인식(Tag)모드와 컬러 인식을 이용한 융합과정으로 문제를 해결해 봅시다. 테그를 인식해서 속도를 제어하고 컬러 깃발을 인식해 자동차의 방향을 바꿀 수 있도록 코딩해 봅시다.
준비	허스키렌즈, 마퀸플러스1, 마이크로비트2, 확장보드, 학교주변 Map(또는 전기테이프), 2개의 깃발모형 (색종이, 빨대, 레고블록 등 이용), 서보모터, 서보모터 연결 케이블, 건전지홀더, AAA건전지2
난이도	★★★★★

알gorism

▶ ID1(테그1)을 인식하면? 속도를 30으로 줄이기
▶ ID2(테그2)을 인식하면? 속도를 50으로 빨라지기, 회전깃발(노란깃발)에 신호보내기
▶ 내려진 노란깃발ID3(노란색)을 인식하면?   우회전
▶ 고정깃발(빨간깃발)을 인식하면?   좌회전

 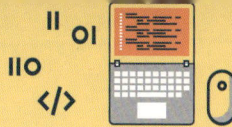

스쿨존 자율주행자동차 프로젝트

따라해 봅시다!

프로젝트를 위해 스쿨안전 로봇 카 코딩 과 마빗신호등 두 개의 장치를 따로 만들고 코딩해야 합니다.

1. 스쿨안전 맵을 준비합니다. 맵을 준비할 때는 라인과 깃발 이외의 바탕 그림이나 꾸며주는 물체는 인식할 색깔을 피해서 준비해야 합니다.

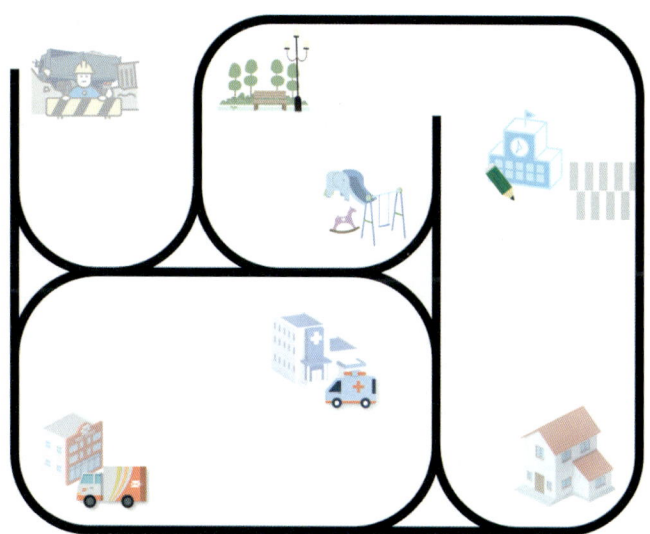

전체 사이즈 (3m / 2m)

2. 스쿨안전 로봇카는 테그에 가까이 갔을 때 잘 보일 수 있도록 허스키 렌즈의 각도를 30도 정도 숙여줍니다.
3. 회전깃발(ID4)은 깃발이 연결된 서보모터에 연결해 줍니다.

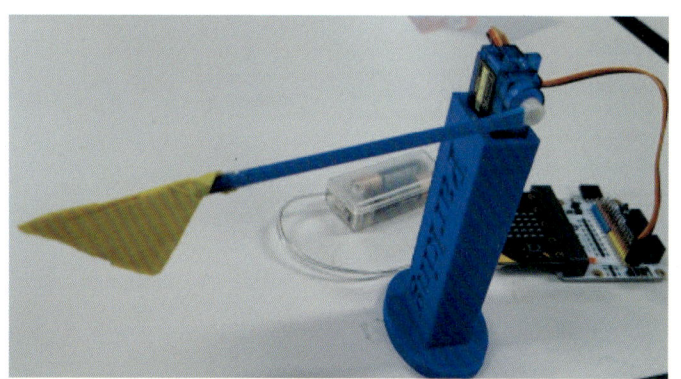 

마이크로비트는 확장보드에 금속부분이 슬롯에 들어가게 꽂아주고 핀은 보드의 P0에 색을 맞춰 꽂아줍니다. 건전지 홀더를 마이크로비트에 연결하고 전원을 켭니다,

5장 허스키렌즈와 마이크로비트 MakeCode를 활용한 코딩하기 예제

4. Tag Recognition 모드에서 기능버튼 길게 눌러 Multi로 변경하고 save&return. 2개의 tag를 학습합니다.(ID1~2)
5. Color Recognition 모드에서 기능버튼 길게 눌러 Multi로 변경하고 save&return. 4개의 색깔(초록, 보라, 노랑, 빨강)을 학습합니다.

ID4: 고정깃발

Tag Recognition		Color Recognition			
ID1	ID2	ID1	ID2	ID3	ID4

(컬러 ID1, ID2는 테그 아이디와 중복이라 임의로 만든 것임)

코딩하기

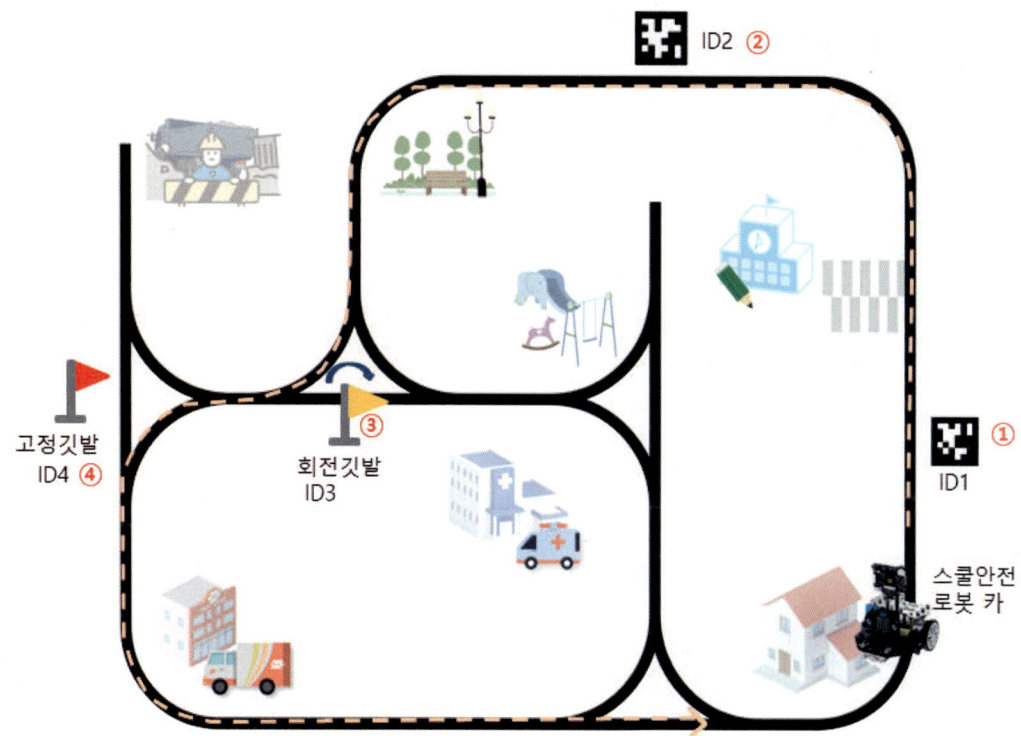

집에서 출발, 오렌지 색 점선이 이동방향

 스쿨안전 로봇 카 코딩

1. 확장 카테고리에서 허스키렌즈와 마퀸플러스 블록을 추가합니다.

2. 라디오 그룹을 정하고 I2C통신을 세팅합니다.
3. 전원을 켜면 허스키렌즈의 기능을 Tag인식으로 시작하도록 합니다.
4. 변수만들기: 변수카테고리에서 변수 'speed'와 'mode'만듭니다. speed는 마퀸플러스의 바퀴속도를 의미하고 mode는 허스키렌즈의 기능인 Tag Recognition, Color Recognition을 의미합니다.

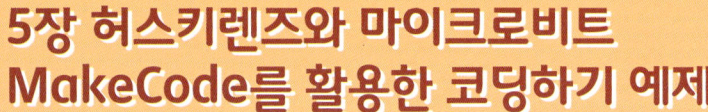

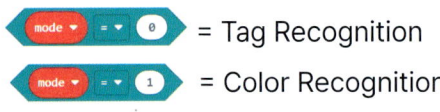 = Tag Recognition

 = Color Recognition

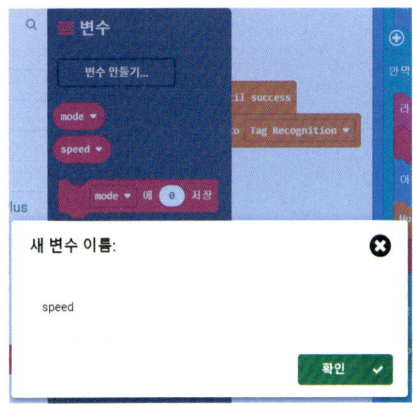

5. 함수 만들기 : 카테고리에서 ▲ 고급 에서 확장하고 $f(x)$ 함수 에서 'LEFT'와 'RIGHT' 함수를 생성합니다.

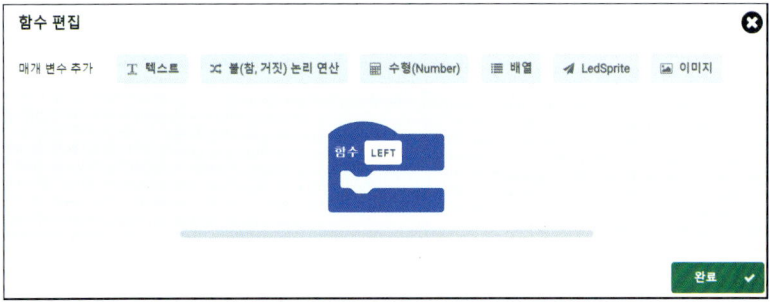

6. 저속회전: 함수 'LEFT'와 'RIGHT'에 각각 좌회전과 우회전 코드를 지정합니다. 이 프로젝트는 회전 속도가 두 개의 버전(기본회전과 저속회전)이 들어가는데, 함수 회전은 저속회전으로 주행 중 테그를 읽었을 때 마퀸이 속도에 변화가 생겨 잠시 이탈하는 것을 막고자 저속회전을 추가했습니다.

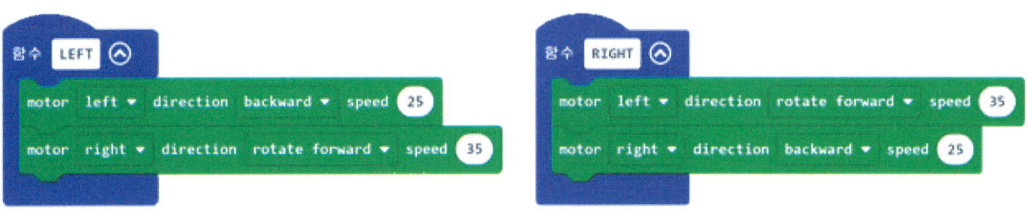

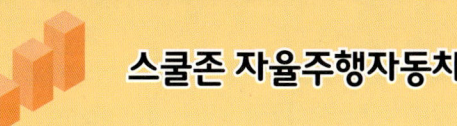

주행의 순서대로 코드를 설명하자면

초기 주행속도는 50으로 정합니다.

학교 앞 횡단보도 앞에서 1번 테그를 인식하고 속도를 30으로 줄여서 서행합니다.

mode 0은 테그인식 모드입니다.

여전히 mode가 0, Tag Recognition이고, ID 2번 테그를 읽으면 회전깃발에 "a"신호를 라디오 전송합니다. 학교 앞을 지났으므로 속도는 50(처음속도)으로 다시 빨라집니다. 허스키렌즈의 알고리즘은 깃발의 색을 읽어야 하므로 Color Recognition (mode 1)로 바뀝니다.

라인트레킹센서가 1이면 검은 선 중앙에 있으므로 기본속도로 전진합니다.

라인트레킹센서의 Left가 0이고 Right가 1이면 라인에서 왼쪽으로 치우쳐 있으므로 우회전합니다. 컬러모드에서 ID3번(노란깃발)을 인식하면 저속으로 우회전입니다.

5장 허스키렌즈와 마이크로비트 MakeCode를 활용한 코딩하기 예제

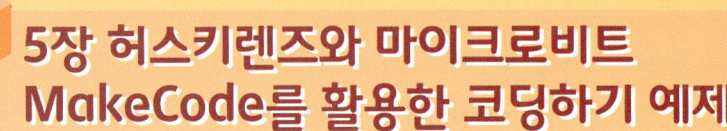

라인트레킹센서의 Left가 1이고 Right가 0이면 라인의 오른쪽에 치우쳐 있으므로 좌회전합니다. 컬러모드에서 ID4번 (빨간깃발)을 인식하면 저속으로 좌회전합니다.

라인트레킹센서가 보이지 않으면 후진하여 라인을 찾도록 합니다.

허스키렌즈의 데이터를 저장합니다.

스쿨안전 로봇카 전체 코드

스쿨존 자율주행자동차 프로젝트

5장 허스키렌즈와 마이크로비트 MakeCode를 활용한 코딩하기 예제

회전깃발(ID3) 코딩

테그(ID2)를 인식하면 라디오(블루투스) 신호를 보내고 회전깃발이 꽂아진 마이크로비트에서 신호를 받으면 서보모터의 각도를 움직여 깃발이 내려갑니다.(허스키렌즈의 화면에 노란깃발이 인식되기 위함)

신호를 받고 바로 깃발이 내려가지 않고 2초를 기다리는 이유는 교차로 도착 전에 노란색이 인식되고 바퀴가 우회전하는 것을 방지하기 위함입니다. (테그의 위치와 교차로의 거리에 따라 일시중지의 시간을 조절하세요.)

서보모터의 각도는 0도를 기준으로 맞춘 후 깃발을 꽂아서 깃발의 각도를 조절합니다. 허스키렌즈가 지나간 후(1초, 1000ms) 다시 깃발은 올라가도록 코딩합니다.

부록

부록

더 재미있는 수업을 위해 3D모델링을 이용해
수업도구를 제작하였습니다!

공유해 놓은 링크나 홈페이지에서 교재 구매인증 후 파일을 다운 받아 사용하세요.
(링크: https://me2.kr/t1a5l 홈페이지: http://edudavinci.net)

3D모델링 파일

1. 마이크로비트 케이스

[3장 마이크로비트 기본 코딩하기 02 나만의 홈 트레이닝]
마이크로비트에 끼워서 손목에 차는 형태 등 다양하게 사용할 수 있습니다.
<출력조건>
Rafts No/ Supports No

2. 페트병 연결뚜껑

[3장 마이크로비트 기본 코딩하기 02 나만의 홈 트레이닝]
두 개의 페트병을 연결할 때 사용합니다.
<출력조건>
Rafts Yes/ Supports No

3. 마퀸플러스 축구 파츠

[4장 마퀸 (마퀸플러스)를 활용한 마이크로비트 활용예제 03 축구로봇]
<출력조건>
Rafts Yes/ Supports No

4. 공

[4장 마퀸 (마퀸플러스)를 활용한 마이크로비트 활용예제 03 축구로봇]

각이 있는 형태라 동그란 공 보다는 덜 굴러가서 게임하기에 더 적합하게 만들었습니다.

<출력조건>

Rafts Yes/ Supports No

5. 서보모터 홀더

[5장 허스키렌즈와 마이크로비트를 활용한 코딩하기 예제 11 스쿨존 자율주행자동차 프로젝트]

서보모터 홀더는 서보모터를 끼워서 주차차단기 예제로 활용하여 쓸 수 있습니다.

서보모터의 제조사에 따라 딱 맞을 수도 타이트하게 들어갈 수도 있습니다.

<출력조건>

Rafts No / Supports No

인공지능 코딩하기